Auf stillen Wegen

SPAZIERGÄNGE AUF MÜNCHENS FRIEDHÖFEN

BERND ZILLICH

Süddeutsche Zeitung Edition

Inhalt

St. Ulrich in Laim: Engel auf dem Grabmal der Familie Eggenhofer

Die Gottesacker der Münchner

Friedhöfe sind viel mehr als nur Orte der Trauer, die den Lebenden ihre Endlichkeit vor Augen führen. Heute sind sie kein exklusiver Platz mehr für Tote und deren trauernde Angehörige, sondern immer auch Orte für Lebende. Sie sind sowohl Gedenkstätten als auch gepflegte Parkanlagen sowie artenreiche Lebensräume mitten in der Stadt. Orte der Ruhe und Erholung gleichermaßen. Sie spiegeln zudem ein beträchtliches Stück Kulturgeschichte wider, sind Stätten der Begegnung und der kulturellen Identität.

Man kann einen Friedhof auf verschiedene Art und Weise erleben: Er kann lediglich zu einem Spaziergang im Grünen dienen, der den Abstand zwischen uns und dem »Lärm der Welt« vergrößert – denn sobald man das Eingangstor passiert hat, kann man die Ruhe und die Stille in vollen Zügen genießen. Man kann auch mit den Augen eines Flaneurs und ganz ohne konkrete Ziele in einem Friedhof unterwegs sein und die Kunst und die Schönheit der Grabstätten und der Friedhofsbauten betrachten und auf sich wirken lassen. Die kunstvollen Plastiken in allen Form- und Stilvarianten sowie die Pracht zahlreicher repräsentativer Großdenkmäler machen durchaus so manchem Museum Konkurrenz.

Vor allem aber sind Friedhöfe ein unerschöpflicher Quell von Geschichten. Sie bieten Einblicke in das Leben unserer Vorfahren und in die Geschichte unserer Stadt. Die Geschichten von historischen Persönlichkeiten, von Berühmtheiten aus Politik, Sport, Film und Fernsehen, die wir möglicherweise selbst noch erlebt und vielleicht geliebt haben, können ein gemeinsames »Wir« schaffen, das unsere Identifikation mit der Stadt und dem Land, in dem wir leben, stärkt.

Bei den Münchner Friedhöfen sprechen wir von insgesamt mehr als 260 000 Gräbern. Man versuche sich einmal vorzustellen, was diese enorme Zahl bedeutet: 260 000 Geschichten, von denen nur ein Bruchteil der Nachwelt erhalten geblieben ist! Dieses Buch soll durch die Vorstellung einer kleinen Auswahl dieser Geschichten eine Einladung zu einem Streifzug durch die Münchner Friedhöfe sein, es soll aber gleichzeitig auch als Aufforderung verstanden werden, sich selbst auf die Suche nach Geschichten zu begeben und Menschen und Fakten aufzuspüren, die einen ansprechen, von denen man lernen und zu denen man einen persönlichen Bezug haben könnte. Vielleicht verbirgt sich ja hinter einem verwitterten, efeuumrankten Grab ein Maler, dessen Bilder uns entzücken, eine Schriftstellerin, deren Leben uns neue Einsichten ermöglichen könnte, oder ein Schicksal, das uns besonders berührt.

Wer (Grabstätten) sucht, der findet! Nur: wie? Die riesigen Flächen der Friedhöfe schrecken dabei ziemlich ab. Zunächst braucht man einen Friedhofs-/Übersichts-/Lageplan. Den gibt es möglicherweise in einer Friedhofsgärtnerei und immer – zum Abfotografieren mit dem Handy – auf einem Schild am Eingang des Friedhofs. Besser ist es aber, wenn man sich vor dem Besuch den entsprechenden Plan im Internet sucht und ausdruckt.

Das ist ganz einfach: Man gibt bei der Suchmaschine die Stichwörter **»Friedhofsplan«** (oder »Lageplan«) und den entsprechenden Friedhofsnamen ein (z. B. »Nordfriedhof«). In den meisten Fällen ist gleich der erste Treffer der richtige, und zwar in Form einer PDF-Datei, die man ausdrucken kann. Auf einem Lageplan sind verschiedene Bereiche des Friedhofs zu sehen, die durch Zahlen gekennzeichnet sind, das sind die **Gräberfelder**. Gekennzeichnet sind im Allgemeinen auch die Bereiche der Friedhofsmauer (z. B. »Mauer links«).

Ein Grab bzw. eine Grabstätte findet man anhand der **Grabnummer**. Diese setzt sich im Allgemeinen aus einer Kombination von drei Zahlen oder Buchstaben zusammen:

- Die erste Zahl bezeichnet das Gräberfeld (zu sehen auf dem Friedhofsplan); alternativ kann man auch eine Buchstabenkombination finden: ML (Mauer links), MR (Mauer rechts), U (Urnenanlage), AA (Alte Arkaden), NA (Neue Arkaden).
- Die zweite Zahl zeigt die Reihe im Gräberfeld: Eine »1« steht für die erste vom Weg aus gesehene Reihe, eine »2« für die zweite Reihe usw.
- Die dritte Zahl beschreibt, um das wievielte Grab in der Reihe es sich handelt. Stehen am Ende mehrere Ziffern mit Querstrich, handelt es sich um eine Doppel- oder Mehrfachgrabstätte.
- Beispielsweise ist das Grab von Lena Christ im Alten Teil des Waldfriedhofs unter der Grabnummer 44-3-14 (im Folgenden immer mit [ ] aufgeführt) zu finden. Das heißt: Die sterblichen Überreste der Schriftstellerin liegen im 14. Grab der 3. Reihe des Gräberfelds 44.

Alter Nordfriedhof: Grab von Michael Joseph Rossbach – Schlange und Eule sind Symbole der Weisheit.

Markierungsstein mit Gräberfeld-Nummer – diese ist auch der erste Teil der Grabstätten-Nummer.

Die Gräberfelder sind leicht anhand der Markierungssteine zu finden, die an den Ecken der Gräberfelder aufgestellt sind. Das Auffinden der Reihe kann hingegen Probleme bereiten, da ein Gräberfeld von mehreren Wegen umgrenzt ist. Von welchem fängt man an zu zählen? Hilfreich ist zu diesem Zweck die Markierung, die (leider nur manchmal) am äußeren Rand der Grabsteine angebracht ist.

Viel Freude beim Abenteuer Münchner Friedhöfe wünscht
Bernd Zillich

Öffnungszeiten aller Gemeindefriedhöfe
November bis Februar 8–17 Uhr
März 8–18 Uhr
April bis August 8–20 Uhr
September bis Oktober 8–19 Uhr

Madonna mit Kind auf dem bogenartigen Abschluss eines Grabes

Kurze Geschichte der Münchner Friedhofskultur

Während in vorchristlichen Zeiten die Feuerbestattung und das namenlose Verscharren in den Wäldern die üblichen Bestattungsformen waren, verdrängte in der Spätantike (284–476 n. Chr.) die Körperbestattung die »heidnische « Einäscherung. Das Christentum lehnte jahrhundertelang die Feuerbestattung ab, denn sie nahm die »Auferstehung der Toten« wörtlich – so untersagte Karl der Große mit dem Edikt von Paderborn im Jahr 785 bei Todesstrafe die Leichenverbrennung. Erst im 19./20. Jahrhundert hatte man wieder die freie Wahl, sich nach dem Tod auch verbrennen lassen zu können.

In der Antike galt der Tod als unrein, und man beerdigte deshalb die Toten weit weg von den Lebenden. Tote innerhalb der Stadtgrenzen zu bestatten oder zu verbrennen, war verboten. Im Frühmittelalter, etwa ab dem 6. Jahrhundert, begann man, die Friedhöfe in die Siedlungen zu legen. Als Begräbnisplätze dienten die von Mauern umschlossenen Flächen rund um eine Kirche – man wollte seine letzte Ruhestätte an einem geweihten Ort haben und auf das Jüngste Gericht in der heilversprechenden Nähe von Reliquien warten. Die Gräber der Bauern und Handwerker waren mit einem Holzkreuz geschmückt, Klerus und Adel bekamen prächtige, zeitüberdauernde Gräber. Wegen des begrenzten Platzes wurden vorhandene Gräber mehrfach benutzt und die alten Gebeine dann entnommen und in Beinhäusern aufgestapelt.

In den Städten legte man Friedhöfe anfangs nur um die Pfarrkirche herum an; als die Bevölkerungszahl wuchs, wurden sie auch um die übrigen Kirchen angelegt. Das war in München nicht anders. Nach Gründung der Stadt im Jahr 1158 wurden die Münchner zunächst im Gottesacker am Alten Peter begraben, der ältesten Pfarrkirche Münchens. Da die Bevölkerung stetig zunahm, kam 1271 ein zweiter Friedhof hinzu, an der Frauenkirche. Weitere Friedhöfe wurden von den Klöstern unterhalten (das Heiliggeistspital und das Kloster der Franziskaner). Ende des 15. Jahrhunderts kamen an der Kreuz- und der Salvatorkirche weitere Friedhöfe dazu.

Im 19. Jahrhundert sollten Grabstätten Besitz und Reichtum, Macht und Ansehen der bestatteten Personen widerspiegeln.

Vom 14. bis Ende des 17. Jahrhunderts wütete in München immer wieder die Pest, allein 1634 kam ein Drittel der Stadtbevölkerung ums Leben. Der Platz auf den vier Friedhöfen in München wurde knapp, die Angst vor Ansteckung war groß. So ließ Herzog Albrecht V. 1563 einen neuen Friedhof außerhalb vom Sendlinger Tor anlegen, den »ferterer Freithof« (Äußerer Friedhof, heute: Alter Südfriedhof). Neben den Pestopfern wurden hier vornehmlich Arme, Außenseiter und Selbstmörder bestattet. Nach der Empfehlung einer medizinischen Kommission im Jahr 1774, die innerstädtischen Kirchhöfe aus Gesundheits- und Platzgründen zu schließen, wurden diese nach und nach geschlossen. 1788 wurden auf Anordnung Kurfürst Karl Theodors II. Bestattungen innerhalb der Stadtmauern insgesamt verboten. Die Gräber im Stadtbereich wurden aufgehoben, alle Gebeine in den »Äußeren« Friedhof gebracht. Damit wurde der Äußere Friedhof der Zentralfriedhof für München, und das Friedhofswesen in München ging vollständig von der kirchlichen in staatliche Verwaltung über.

Aussegnungshalle des Waldfriedhofs (Alter Teil)

Bis 1868 blieb der Äußere Friedhof die einzige Begräbnisstätte im Stadtgebiet (mit nur einer Ausnahme: dem Friedhof für die Jüdische Gemeinde, den man 1816 an der Thalkirchner Straße errichtete). Trotz mehrfacher Erweiterungen wurde im Lauf der Zeit jedoch auch dieser Alte Südfriedhof für die schnell wachsende Stadt zu eng, und man erbaute deshalb zwischen Juni 1866 und Sommer 1869 in der Maxvorstadt den Nördlichen Friedhof.

In den 1890er-Jahren kamen die Münchner Friedhöfe endgültig an ihre Kapazitätsgrenzen. Also entwickelte der Stadtbaurat Hans Grässel ein völlig neues Friedhofskonzept: Er plante vier große, jeweils an der Himmelsrichtung orientierte Friedhöfe. Als Erster wurde 1899 der Nordfriedhof an der Ungererstraße eröffnet, als Erweiterung des Schwabinger Friedhofs. Bei der Gestaltung orientierte sich Grässel am frühchristlichen Ravenna. Als Erweiterung des »Auer Leichenackers« wurde hingegen der zweite Friedhof, der von der griechisch-römischen Antike inspirierte Ostfriedhof 1900 eröffnet.

Für den dritten seiner großen Friedhöfe, den 1902 eröffneten Westfriedhof im heutigen Moosach, bevorzugte Grässel eine frühchristlich-italienische Variante. Als vierten der großen Friedhöfe schuf Grässel den Waldfriedhof: Er wurde in einem vorhandenen Waldgebiet angelegt, um dort den älteren Baumbestand für die Einbettung von Gräbern in die als tröstlich empfundene Natur zu nutzen. 1907 war er fertiggestellt und der erste seiner Art in Deutschland.

Auch der 1908 eröffnete Neue Israelitische Friedhof wurde als Waldfriedhof konzipiert. Die 1929 eröffnete Trauerhalle des Krematoriums am Ostfriedhof war schließlich das letzte Bauwerk von Hans Grässel.

Den Friedhof am Perlacher Forst errichtete man im Jahr 1931 nach Plänen des Stadtbaurats Hermann Leitenstorfer. Mit seiner monumentalen Trauerhalle sollte er der »Größte und Schönste« der Münchner Friedhöfe werden. 1944 wurden die Bestattungen am Alten Südfriedhof endgültig eingestellt; heute steht das gesamte Areal unter Denkmalschutz. Von 1963 bis 1966 erweiterte der Gartenarchitekt Professor Ludwig Roemer (1911–1974) unter Beibehaltung des Wald- und Parkcharakters des alten Teils des Waldfriedhofs denselben um einen neuen Teil. Wegen des raschen Bevölkerungsanstiegs wurden die Grabplätze im Friedhof am Perlacher Forst bald ebenfalls knapp, und so plante der Garten- und Landschaftsarchitekt Gottfried Hansjakob den Neuen Südfriedhof – 1977 eröffnet, ist er als einziger Münchner Großfriedhof hügelig angelegt.

Im Münchner Norden erwarten den Besucher ein aufgelassener Friedhof, der längst zu einem Erholungs- und Freizeitraum geworden ist, und der erste, nach einem völlig neuen Friedhofskonzept gestaltete große, moderne Friedhof. Herrlich ist die herbstliche Aussicht von der Aussegnungshalle des Alten Nordfriedhofs (ab S. 16)!

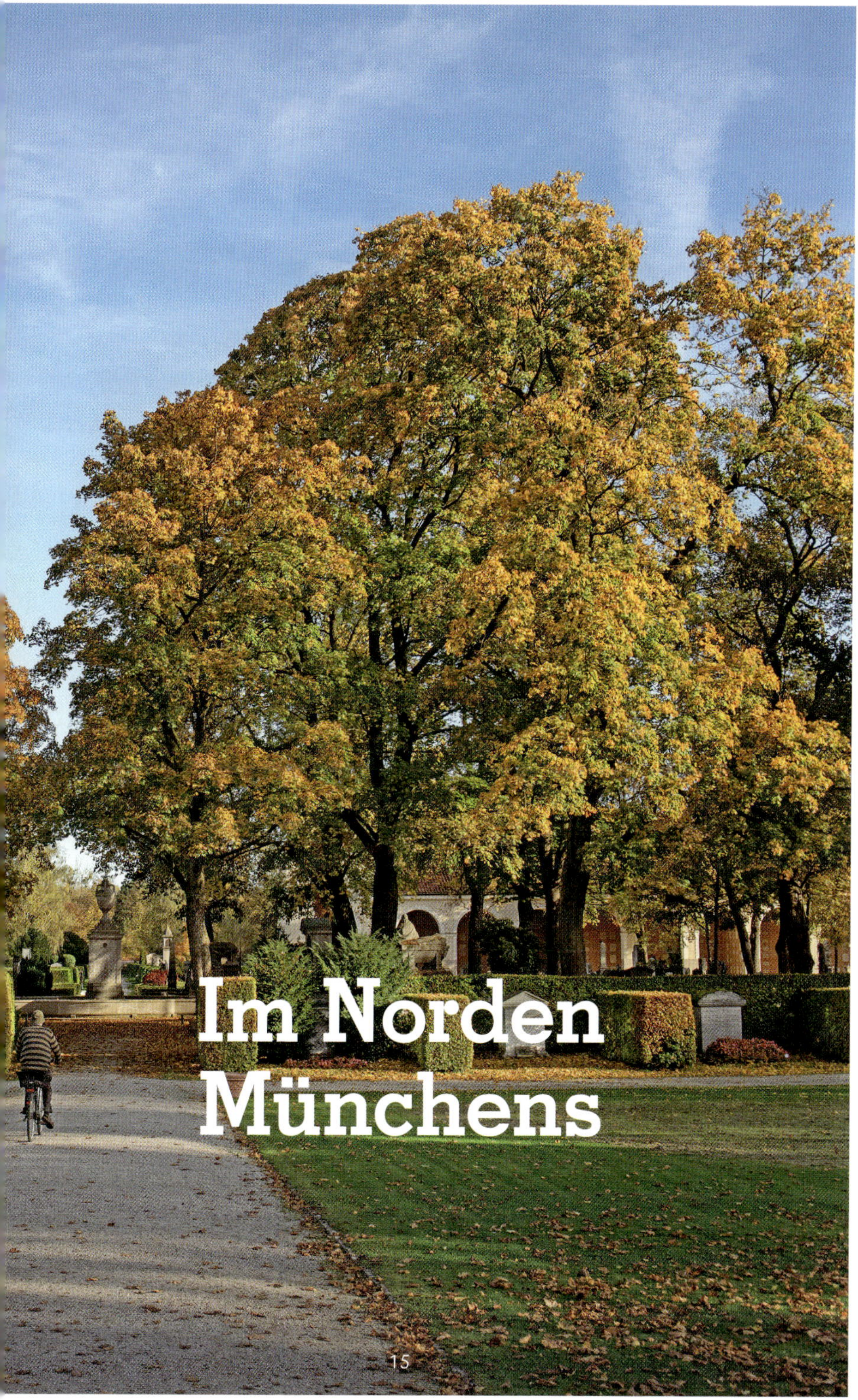

Im Norden Münchens

1

Alter Nordfriedhof

FREIZEIT- UND ERHOLUNGSSTÄTTE MITTEN IN DER STADT

Von 1869 bis 1944 wurde der Alte Nordfriedhof in der Maxvorstadt genutzt. Die Anlage entstand zwischen 1866 und 1869 nach Entwürfen des Stadtrats Arnold Zenetti.

Mit dem auf Veranlassung von Herzog Albrecht V. im Jahr 1563 als »ferterer Freithof« (Äußerer Friedhof) angelegten Alten Südfriedhof war zum ersten Mal ein Friedhof außerhalb der Mauern Münchens entstanden. Mit dem von Kurfürst Karl Theodor 1789 erfolgten Verbot von Bestattungen innerhalb der Stadtmauern wurde dieser Südliche Friedhof zur einzigen Begräbnisstätte für die gesamte Stadt, was wegen der schnell wachsenden Bevölkerungszahl bald zur Planung eines neuen Friedhofs führte. Zwischen Juni 1866 und Sommer 1869 wurde trotz einigen Widerstands seitens der Anwohner schließlich der (Alte) Nördliche Friedhof erbaut.

Arnold Zenetti legte den Friedhof nach dem Vorbild eines italienischen »Campo Santo« an: Der rechteckige Friedhof war in 16 gleich große Gräberfelder unterteilt und von einer hohen Backsteinmauer umgeben; an der westlichen Mauer gab es 30 Arkadengrüfte, und am östlichen Rand des Friedhofs befanden sich die Aussegnungshalle und einige Wirtschaftsbauten. Ein großes Steinkreuz des Bildhauers *Johann Halbig* (1814–1882) betonte den Mittelpunkt des Friedhofs.

Als die Nationalsozialisten 1933 an die Macht kamen, war der Nördliche Friedhof dem Regime ein Dorn im Auge, denn sie planten an dieser Stelle eine Prachtallee, die zu Adolf Hitlers vorgesehenem Alterssitz in Schwabing führen sollte. So wurde der reguläre Beerdigungsbetrieb ab 1939 weitgehend eingestellt. Die Zerstörungen durch die Bombenangriffe im Zweiten Weltkrieg

Grabmal des Bildhauers Michael Waldmüller

Familien-Grabstätte der Grafen von Montgelas

taten ihr Übriges: Der Friedhof wurde nach dem Krieg nicht mehr für den Beerdigungsbetrieb geöffnet. Die zerstörten Arkaden wurden nicht wieder aufgebaut, viele Gräber abgeräumt, und an der Stelle der ehemaligen Aussegnungshalle findet man heute einen vom Friedhof abgetrennten Spielplatz. Sein heutiges Aussehen erhielt der Friedhof durch Pläne des Architekten *Hans Döllgast*, der die Backsteinmauer, die Tore und das, was von den Arkaden übrig geblieben war, instand setzen ließ. Bei der Eröffnung umfasste die Anlage 8300 Grabstätten und 30 Grüfte in den Arkaden, heute sind nur noch etwa 800 Gräber zu erkennen.

Wenn man dieser Tage dem denkmalgeschützten Friedhof einen Besuch abstattet, begegnet man zunächst Müttern, die Kinderwägen vor sich herschieben, Kindern, die fröhlich zwischen den historischen Grabsteinen spielen, Menschen, die neben einem Grab sonnenbaden, und Joggern, die hier unermüdlich ihre Runden drehen. Man darf dabei nicht vergessen, dass der Alte Nördliche Friedhof die einzige Grünfläche in der Maxvorstadt ist, dem Viertel der Universitäten, der Museen und Galerien, und so zum Ruhe- und Rückzugsraum, aber auch zu einem beliebten Treffpunkt, zu einem Erholungs- und Freizeitraum geworden ist. Die Exzesse, die es zuweilen gab (laute Kindergeburtstage und Grillpartys bis in die Nacht, Drogenkonsum etc.) versucht man, durch Hinweisschilder und mit einem Sicherheitsdienst zu verhindern.

Besuchern sei empfohlen, eine erste Runde entlang der Friedhofsmauer zu drehen, an der interessante Grabstätten zu sehen sind. Weil der Friedhof sehr überschaubar ist, kann man dann anhand des Lageplans und der einzelnen Grablagen relativ leicht die Gräber noch weiterer Prominenter finden, z. B.:

- **Maximilian Graf von Montgelas** (1860–1938) war ein bayerischer General der Infanterie sowie Politiker und Historiker. Er sollte auf keinen Fall mit seinem gleichnamigen Großvater, Maximilian Graf von Montgelas, verwechselt werden, dem Bayerischen Staatsminister und Begründer des modernen Bayern (1759–1838).
- Die Familien **Lodter** und **Schneider**, deren beeindruckende Ruhestätte sich ebenso an der Mauer befindet, sind zwar keine Prominenten, aber der Künstler, der die Grabstätte schuf, sehr wohl: **Heinrich Maria Waderé** (1865–1950) schuf zahlreiche Bauplastiken an Münchner Repräsentationsbauten, wie beispielsweise die Portalfiguren am Justizpalast. Die Darstellung der trauernden Frau auf dem Grab ist an sich ein Meisterwerk, aber ein Detail der Bronzeplatte gibt

dem Ganzen noch einen Hauch von Geheimnis, denn sie enthält eine kleine Abbildung von zwei der Gizeh-Pyramiden und der Sphinx.

- Das bemerkenswert gut erhaltene Grabmal des Bildhauers **Michael Wagmüller** (1839–1881) sollte man unbedingt aufsuchen. Er entwarf es 1876 für seine früh verstorbene Tochter. Es stellt ein in den Armen des Todesengels entschlafenes Kind dar. 1878 hatte er ein Modell dieses klassizistischen Grabmonuments auf der Pariser Weltausstellung gezeigt, was ihm das Kreuz der Französischen Ehrenlegion einbrachte. Als er selbst nur wenige Jahre später starb, wurde das Grabmal zu seinem eigenen. [9-15-4/5]
- Erwähnenswert ist auch **August (Gustl) Gemming** (1837–1893), Lyriker, Altmünchner Original und Verfasser humorvoller Bücher. Von ihm erzählt man, dass er eine Wette, bei der er nackt durch die Straßen der Stadt reiten sollte, dadurch gewann, dass er sich eine Uniform auf den Körper malen ließ. [5-10-9]
- **Hermann Lingg** (1820–1905), ab 1890 Ritter von Lingg, war ein deutscher Dichterarzt [M-li-99]. Er schrieb Balladen, Dramen und Erzählungen. Der berühmte Dichterkreis »Die Krokodile« wurde nach seinem Gedicht »Das Krokodil von Singapur« benannt:

  »Im heil'gen Teich zu Singapur,
  da liegt ein altes Krokodil
  von äußerst grämlicher Natur
  und kaut an einem Lotusstiel.
  Es ist ganz alt und völlig blind,
  und wenn es einmal friert des Nachts,
  so weint es wie ein kleines Kind,
  doch wenn ein schöner Tag ist, lacht's.«

- Als es noch keine Popstars gab, waren es die Münchner Originale und die Volkssänger, die die Menschen unterhielten. Anfang des 20. Jahrhunderts zog es die Münchner massenweise in die Wirtshäuser und Singspielhallen. Damals gab es in der Stadt 1000 berufliche Volkssänger, und einer ihrer prominentesten Vertreter war **Andreas »Anderl« Welsch** (1842–1906). [001-7-31]

▲ Trauernde Frau mit aufgeschlagenem Buch, Symbol für ein erfülltes Leben
▼ Basrelief eines Jesus-Antlitzes auf einem bemoosten alten Grabstein

Eine Joggerin dreht ihre Runden zwischen den historischen Grabsteinen.

Auf einen Blick

DER ALTE NORDFRIEDHOF

Arcisstr. 45, 80799 München,
Tel. 089/370 03 98 23
Fertigstellungsjahr: 1868
Ca. 800 Grabstätten noch erkennbar
Gesamtfläche: 3,5 ha

ANFAHRT

ÖPNV: U2/U8 bis Haltestelle Josephsplatz und weiter zu Fuß über Josephsplatz und Tengstraße. Oder Tram 27 bis Haltestelle Schellingstraße und von dort über Schelling- und Arcisstraße zum Haupttor
Auto: Ludwigstraße nach Norden, dann über die Theresien- zur Arcisstraße

WEITERE PROMINENTE

Wilhelm von Diez (1839–1907), Maler [15-1-33]
Carl August Lebschée (1800–1877), Maler [14-10-33]
Emil Rohde (1839–1913), Theaterschauspieler [7-2-16]
Carl von Thieme (1844–1924), Gründer Münchener Rück [97-U-17]

EINKEHR

Ristorante Il Mulino (Görresstr. 1, Tel. 089/523 33 35, ristorante-ilmulino.de); Café Clara (Isabellastr. 8, Tel. 089/523 72 14, cafe-clara-muenchen.de)

Rohbacksteinbau südlich des Osteingangs: heute ein Seniorentreff

2

Nordfriedhof

WO SICH THOMAS MANN INSPIRIEREN LIESS

Mit einer Kapazität von 32 700 Grabstellen und einer Fläche von 30,75 Hektar gehört der 1899 eröffnete Nordfriedhof zu den größten Gräberanlagen in München.

Als Anfang der 1890er-Jahre die Münchner Friedhöfe an ihre Kapazitätsgrenzen kamen, entwickelte der Stadtbaurat *Hans Grässel* ein völlig neues Friedhofskonzept: Er plante vier große, jeweils an der Himmelsrichtung orientierte Friedhöfe. Als erster wurde 1899 der Nordfriedhof an der Ungererstraße eröffnet und der seit 1874 bestehende Friedhof der ehemals selbstständigen Stadt Schwabing in diesen integriert. Bei der Gestaltung der Aussegnungshalle orientierte sich Grässel wie schon beim Ost- und Westfriedhof an frühchristlichen Bauwerken. Auch hier legte er einen Bau mit einer Kuppel an. Die Pfeiler- und Säulenordnung im Inneren der oktogonalen Aussegnungshalle sind der Kirche San Vitale in Ravenna nachempfunden. Weitere Gestaltungselemente erinnern an die Basilika Sant' Apollinare in Classe.

> *»... und das byzantinische Bauwerk der Aussegnungshalle gegenüber lag schweigend im Abglanz des scheidenden Tages. Ihre Stirnseite, mit griechischen Kreuzzeichen und hierarchischen Schildereien in lichten Farben geschmückt, weist überdies symmetrisch angeordnete Inschriften in Goldlettern auf ... «*

Mit dieser Beschreibung verewigte *Thomas Mann* in seiner Novelle »Tod in Venedig« diese Aussegnungshalle. Während der Protagonist der Erzählung, Gustav Aschenbach, sich auf der von zwei Sphingen mit Hahnenköpfen bewachten Treppe des Eingangsportals befindet, fällt ihm die hagere Figur eines Mannes in Reisekleidung auf. Fasziniert verfolgt er den Fremden mit den Blicken, und als dieser seinen Blick erwidert, wendet er sich peinlich berührt

Weiße Rosen drücken Treue aus und symbolisieren die Unschuld.

▲ Die zwei Sphingen am Eingang des Nordfriedhofs
▼ Grab des großen Entertainers Johannes (Jopi) Heesters

ab. Der »Geist des Ortes« und die merkwürdige Begegnung lassen bei Aschenbach eine plötzliche Reiselust aufkommen. Die beiden von Thomas Mann als »apokalyptische Tiere« bezeichneten Sphingen mit Hahnenköpfen (Sphingen hatten in der Antike eine Funktion als Grab- oder Totenwächter, Hahnenköpfe galten als Symbol der Wachsamkeit) waren in den 1950er-Jahren auf mysteriöse Weise verschwunden – es soll ein Münchner Baurat gewesen sein, der die als »Scheißviecher« bezeichneten Figuren entfernen ließ. 2019 wurde anlässlich des 200-jährigen Jubiläums der Friedhofsverwaltung die erste rekonstruierte Sphinx wieder aufgestellt, 2020 folgte die zweite.

Das zentrale Gebäude des Nordfriedhofs und die friedhofsseitige Terrasse liegen auf einer kleinen Anhöhe, von der man einen prächtigen offenen Ausblick auf das Friedhofsgelände hat. Die Gräberfelder erstrecken sich schachbrettartig und symmetrisch verteilt über das gesamte Gelände. Diese Ordnung vermittelt ein Gefühl von Ruhe und Harmonie. Man könnte vermuten, in Italien zu sein, ja als hätte man (ganz ohne merkwürdige Begegnungen) die Reiselust Aschenbachs bereits umgesetzt. Die Gräber selbst liegen in kleineren und größeren Abteilungen, umfriedet von sauber gestutzten Koniferenhecken. Besonders reizvoll sind die Grabstätten, die sich entlang des Hauptwegs in kleinen Heckengärten befinden.

Zahlreiche ehemals berühmte Münchner haben auf dem Nordfriedhof ihre letzte Ruhe gefunden. Interessanterweise sind darunter kaum Prominente aus der berühmten Schwabinger Bohème zu finden, jene Künstler und Literaten, die um die Wende zum 20. Jahrhundert der Stadt ein künstlerisches Flair gaben – einzig *Kathi Kobus*, die legendäre Wirtin des »Simplicissimus« (heute »Alter Simpl«), ist hier begraben.

- Das sehenswerteste Grab ist ohne Zweifel jenes von **Johannes »Jopi« Heesters** (1903–2011), dem »Grandseigneur der Operette«. Er lebte und spielte von 1936 an in Deutschland, wo er im Alter von 108 Jahren starb. Während der NS-Zeit wurde ihm eine Nähe zu den Nationalsozialisten vorgeworfen. Es heißt, er sei Hitlers Lieblings-Danilo gewesen, der Graf aus der Operette »Die lustige Witwe«. Er war aber weder Parteimitglied der NSDAP, noch wurde er Deutscher – Goebbels hatte ihn auf die »Gottbegnadeten-Liste« gesetzt, die Liste der Künstler, die unter Schutz gestellt wurden. Heesters' große und auffällige Grabstätte liegt direkt auf dem Platz gegenüber der Aussegnungshalle. [56-1-1]

• Unvergessen ist auch der bayerische Volksschauspieler **Beppo Brem** (1906–1990), der lange Zeit als »bayerisches Urviech« und Vorzeige-Dorfdepp in unzähligen Klamauk-Filmen spielte (u. a. »Zwei Bayern im Urwald«, »Zwei Preußen auf der Alm«, »Drei Bayern an der Spree«). Dass er durchaus ein ernstzunehmender Schauspieler war, beweisen seine zahlreichen Auszeichnungen, u. a. der Bayerische Verdienstorden und das Verdienstkreuz 1. Klasse der Bundesrepublik Deutschland. Vor seinem unscheinbaren Grab zu stehen, gibt freilich keinen Einblick in sein Leben und Wirken, eher erfährt man das aus Szenen oder Filmen, in denen uns dieses Urgestein des bayerischen Humors in die Welt der 1950er- und 1960er-Jahre zurückführt (das Internet macht's möglich) – filmisch vielleicht wenig anspruchsvoll, dafür aber: heile Welt mit Humor! [125-1-33]

• **Bally Prell** (eigentlich Agnes Pauline Prell, 1922–1982) war eine Humoristin und Sängerin und eine außergewöhnliche, sehr musikalische Frau mit einer üppigen Figur. Wegen ihrer tiefen Stimme gab es auf den Opernbühnen keine Rollen für sie. So landete sie auf der Volkssängerbühne am Platzl mit einer parodistischen Nummer: Das Lied »Die Schönheitskönigin von Schneizlreuth« war ihr buchstäblich auf den Leib geschrieben und verhalf ihr zum Erfolg. Prells Grab ist völlig unscheinbar, jedoch steht an der Leopoldstr. 77 (direkt an der Münchner Freiheit) ein Gedenkbrunnen zu Ehren der Künstlerin, der absolut sehenswert ist. [2-3-5]

• Weiter im Norden findet man den **Ehrenhain für Luftkriegsopfer** des Zweiten Weltkriegs. Auf den ersten Blick sieht man nur eine große leere Rasenfläche und erkennt erst beim genaueren Hinsehen die kleinen, im Boden versenkten Gedenksteine, die gerade mal so groß wie eine Fliese sind. Auf ihnen sind Namen von Münchner Bürgern eingraviert (2099 sollen es sein), die auf offener Straße oder unter den Trümmern ihrer Häuser starben. Der Nordfriedhof selbst blieb damals nahezu verschont. [144-149]

Bally-Prell-Gedenkbrunnen an der Leopoldstraße 77, wo die Künstlerin ihr Leben lang wohnte

◂ Gedenkstein im Ehrenhain für Luftkriegsopfer
▸ Mosaik mit mythologischen Motiven
▾ Ostseite der Aussegnungshalle des Nordfriedhofs

Auf einen Blick

NORDFRIEDHOF

Ungererstr. 130, 80805 München,
Tel. 089/370 03 98 20
Entstehung: 1899
32 700 Grabstätten
Gesamtfläche: 30,75 ha

ANFAHRT

ÖPNV: U6 bis Haltestelle Nordfriedhof oder Alte Heide
Auto: Über Leopold- und Ungererstraße

WEITERE PROMINENTE

Kathi Kobus (1854–1929), die legendäre Wirtin des »Simplicissimus« in der Türkenstraße [079-4-7]
August Ungerer (1860–1921), Ingenieur, Erbauer der ersten elektrischen Eisenbahn in Süddeutschland [M-li-73]
Ernst Mach (1838–1916), Physiker, Philosoph. Nach ihm ist die Mach-Zahl benannt, die die Geschwindigkeit im Verhältnis zur Schallgeschwindigkeit beschreibt [Gedenkstein 94].
Peter Paul Althaus (1892–1965), Dichter, Kabarettist [25-4-2]
Annette Klein von Aretin (1920–2006), Redakteurin, Mitglied von Robert Lembkes Rateteam »Was bin ich?« [57-U3-5]
Barbara Rudnik (1958–2009), Schauspielerin [Gräberfeld 135]
Georg Flaucher (1823–1884), Gastwirt, Grundbesitzer [047-1-1/3]

EINKEHR

Gaststätte Alte Heide mit Biergarten, Fröttmaninger Str. 18b,
Tel. 089/41 85 77 30

ALTE HEIDE

Sehenswerte, idyllische Siedlung aus den 1920er-Jahren direkt gegenüber dem Nordfriedhof. Zwischen den parallel geordneten Gebäuden befinden sich Gärten und ein kleiner Park. Dort findet man auch ein kleines Gasthaus mit Biergarten.

3

Friedhof und Parkfriedhof Untermenzing

DER DOPPELFRIEDHOF

Die erste urkundliche Erwähnung einer Kirche in Untermenzing findet sich in der Konradinischen Matrikel aus dem Jahr 1315.

Wegen einiger typischer dörflicher Bauten (Kirche, Friedhof, Mühle und Bauernhäuser) kann man im Ortskern von Untermenzing bis heute noch die historische Dorfstruktur erkennen. Das Ensemble stand bis 2011 sogar auf der Denkmalliste des Bayerischen Landesamts für Denkmalpflege. Danach wurde es, weil zahlreiche der giebelständigen Bauten durch Neubauten ersetzt wurden, daraus wieder gestrichen. Etwas von dem Flair ist aber geblieben, und sobald man hinter der efeuumrankten Kirchenmauer die Treppengiebel des Satelturms der spätgotischen Kirche erblickt, beginnt man, deren »Genius Loci« zu ahnen.

Die 1499 im spätgotischen Stil errichtete **St.-Martin-Kirche** ist von einem winzigen Gottesacker (ca. 0,35 ha) umfriedet. Kaum hat man die Schwelle zu diesem überschritten, schon fühlt man sich in einen »zeitlosen« Dorffriedhof versetzt. Als würden zwei Schritte reichen, um von der Stadt aufs Land und vom Heute in ein kaum definierbares Gestern zu gelangen. Weil die Gräber unter offenem Himmel stehen, herrscht eine lichterfüllte, heitere Atmosphäre. Schon könnte man glauben, das feierliche Läuten der Glocken zu vernehmen, das die Menschen zum Gottesdienst ruft. Das aus einem alten Teil neben der Kirche und einem kleinen neuen Teil dahinter bestehende Ganze ist geradezu entzückend! Gräber von Persönlichkeiten, deren Bekanntheitsgrad über das Lokale hinausgeht, gibt es allerdings kaum. Der Attraktivität dieses kleinen Gottesackers tut dies aber keinen Abbruch.

Pfarrkirche St. Martin in Untermenzing

◂ Grab des Bildhauers Peter Winter-Heidingsfeld und seiner Frau
▸ Die Trauernde mit der Katze erzählt eine ganz private Geschichte (s. S. 36)
▾ Der frühbarocke Altar der Pfarrkirche St. Martin in Untermenzing

• Erwähnenswert wäre der Bildhauer **Peter Winter-Heidingsfeld** (1871–1920), der Mitglied der Münchner Sezession und des Münchner Kunstvereins war. Seine Grabstätte findet man an der Mauer hinter der Kirche unter einem großen Haselstrauch.

Aus Kapazitätsgründen wurde 1952 am gegenüberliegenden Ufer der Würm der **Parkfriedhof Untermenzing** eröffnet. Ein überdachter Holzsteg verbindet die beiden. Auf dem Parkfriedhof begrüßt einen der Hl. Nepomuk, der Brückenheilige. Ein naturnaher Landschaftspark, eine Mischung aus Nadelwald, Lichtungen, Sträuchern und vereinzelten Laubbäumen, lässt schlagartig vergessen, dass man sich in einem Friedhof befindet. Eine friedliche Atmosphäre lädt zum Spazieren und zum Sich-treiben-Lassen ein. Auf die hektische Suche nach Prominentengräbern zu verzichten, ist auch deshalb die bessere Entscheidung, weil die Anzahl sehenswerter, künstlerisch gestalteter Grabsteine vernachlässigbar ist. Formvielfalt oder gar Grabmäler mit Anlehnung an Barock, Klassizismus oder Romantik, wie sie im 18. und 19. Jahrhundert üblich waren? Nichts dergleichen. Die meisten Gräberfelder sehen aus wie Reihen aufgestellter Dominosteine.

Wie stark doch der Kontrast zum kleinen Kirchfriedhof! Wo sich dort Gedanken über Zeit und Vergänglichkeit fast automatisch einstellen, spielt hier der Tod für den Zufallsbesucher kaum eine Rolle. Man wandelt in einem schönen, abwechslungsreichen Landschaftspark, mal im Schatten mächtiger Baumkronen, mal mit freiem Blick zum Himmel. Prominente?

• Als ein Beispiel wäre **Heinz Bosl** (1946–1975) zu nennen, der als einer der besten deutschen Balletttänzer der 1970er-Jahre galt und international vor allem wegen der zahlreichen Tourneen mit der Prima Ballerina Assoluta Margot Fonteyn bekannt wurde. [6-A-3]

Aber warum eigentlich nur Prominente? Hinter jedem dieser »Dominosteine« verbirgt sich eine Geschichte. 3400 Grabstätten zählt der Friedhof, alles Geschichten ohne Wikipedia-Eintrag, in keiner Chronik vermerkt, in keinem kollektiven Bewusstsein festgehalten. Es ist, als ob diese Geschichten noch in der Luft schwebten, als möchten sie unbedingt noch »gelesen« und in Erinnerung gebracht werden. Eine wunderschöne, bereits leicht verwitterte Statue einer jungen Frau mit einer Katze in den Armen weckt die Neugierde auf eine solche Geschichte. Eine Lebensgeschichte, die sich nicht im Rampenlicht der Öffentlichkeit abspielte, aber dennoch erzählenswert ist.

• **Isolde Anger** kam 1941 in Ratibor (Oberschlesien) auf die Welt. 1944 löste der Vormarsch der sowjetischen Armee gewaltige Fluchtbewegungen der deutschen Bevölkerung aus. Zusammen mit ihrer Mutter und ihren Geschwistern erlitt auch das kleine Mädchen dieses Schicksal. Kronach (Oberfranken) wurde für viele Jahre ihr Zuhause. Bereits damals hatte die Familie Katzen als Haustiere, eine Liebe, die sich durch ihr ganzes Leben ziehen sollte. Nach einem Pharmaziestudium in Erlangen zog die junge Frau nach München. Ehe, Familie, Freundeskreis, Kinder, vier Enkelkinder – viele glückliche Jahre! Bis weit über das Ruhestandseintrittsalter hinaus arbeitete sie – bei Kollegen und Kunden sehr beliebt – in einer Apotheke, bis sie 2020 unerwartet verstarb. Aber in der Trauer fand sich ein kleiner, schicksalhafter Trost: Das alte Grabdenkmal einer trauernden, zärtlich eine Katze festhaltenden jungen Frau war frei. So erinnert Frau Angers letzte Ruhestätte jetzt umso mehr an ihre Geschichte und an die schönen Jahre mit ihr.

Außenansicht von Schloss Blutenburg mit Wassergraben

Auf einen Blick

FRIEDHOF UNTERMENZING

Eversbuschstr. 9a, 80999 München,
Tel. 089/89 14 65 59 21
Entstehung: 1499 / 1952
3400 Grabstätten
Gesamtfläche: 7,58 ha

ANFAHRT

ÖPNV: S2 Richtung Altomünster bis Haltestelle Allach, von dort mit Bus 160 Richtung Maria-Eich-Straße bis Haltestelle Friedhof Untermenzing
Auto: Dachauer Straße stadtauswärts und über Baldur-, Allacher und Von-Kahr-Straße

WEITERE PROMINENTE

Rosa Aschenbrenner (1885–1967) war eine sozialistische Politikerin, die von der NSDAP mehrmals inhaftiert wurde und 1945 zu den Gründungsmitgliedern der SPD zählte [3-A-8].
Anton Hans Würz (1903–1995), Komponist und Musikwissenschaftler [Neuer Teil A-1/2]
Michael Ippenberger (1877–1950), Zimmermeister [Neuer Teil B-11]

EINKEHR

Restaurant Insel Mühle (Von-Kahr-Str. 87, Tel. 089/810 10, insel-muehle.de)

ENTLANG DER WÜRM

Südlich der Von-Kahr-Straße (100 m westlich der Insel Mühle) beginnt der Weg durchs Erholungsgebiet der Würm-Auen. Der ca. 1 km lange Weg nach Süden entlang der Würm führt nach Obermenzing zum Alten Wirt direkt an der St.-Georgs-Kirche. Weitere 600 m die Würm entlang (durch Wohngebiet) entdeckt man eine der schönsten Sehenswürdigkeiten Münchens: Schloss Blutenburg: Die eindrucksvolle kleine Schlossanlage aus dem 15. Jahrhundert beherbergt die Internationale Jugendbibliothek und bietet das ganze Jahr über die unterschiedlichsten Festivitäten. Die Schlossschänke verwöhnt an schönen Tagen auf der Seeterrasse und an kalten Tagen am gemütlichen Kachelofen (schlossschaenke-blutenburg.de).

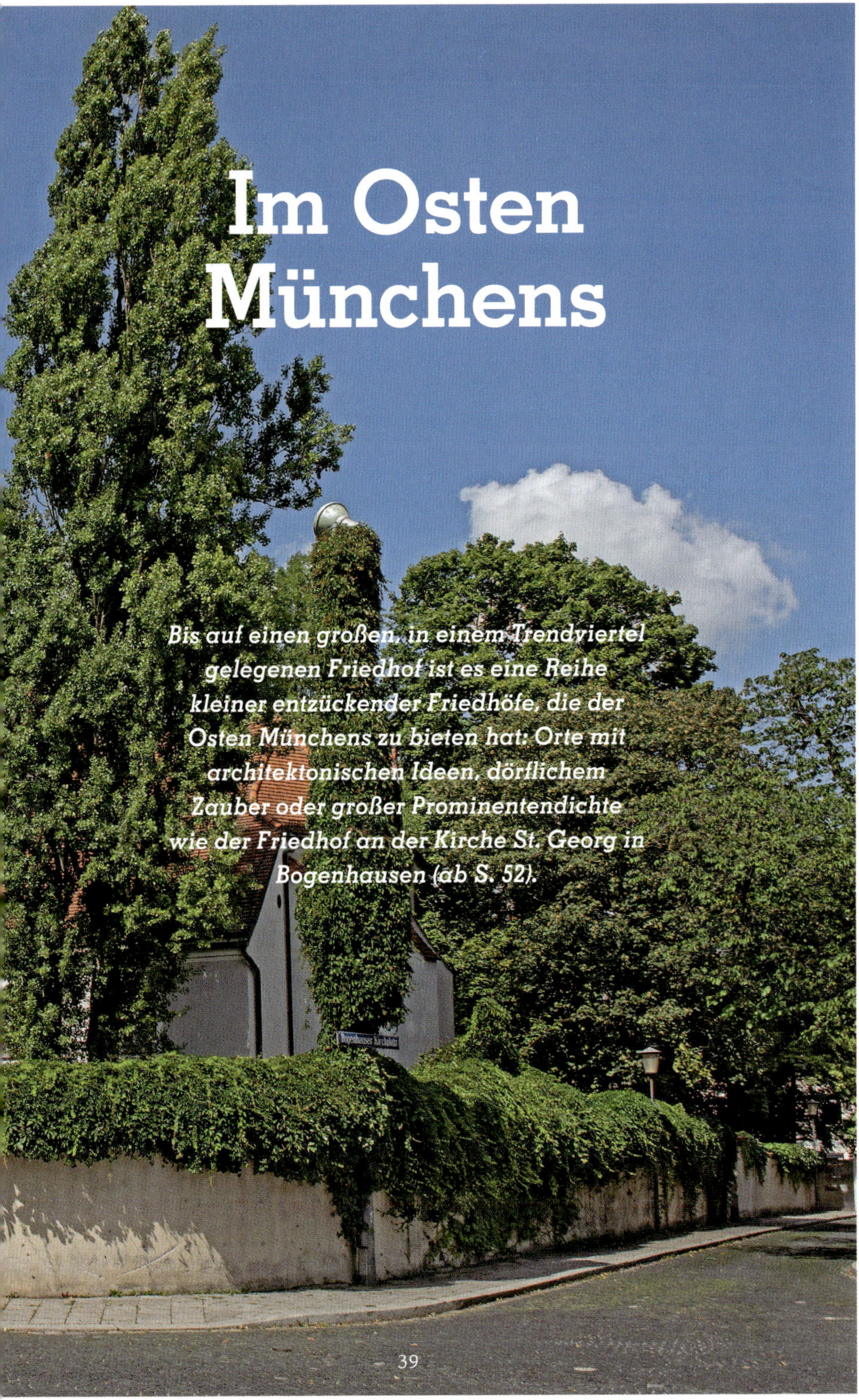

Im Osten Münchens

Bis auf einen großen, in einem Trendviertel gelegenen Friedhof ist es eine Reihe kleiner entzückender Friedhöfe, die der Osten Münchens zu bieten hat: Orte mit architektonischen Ideen, dörflichem Zauber oder großer Prominentendichte wie der Friedhof an der Kirche St. Georg in Bogenhausen (ab S. 52).

4

Ostfriedhof

GOTTESACKER IM TRENDVIERTEL GIESING

Mit einer Kapazität von 34 000 Grabstellen und einer Fläche von 25,89 Hektar ist der Ostfriedhof einer der größten Friedhöfe Münchens.

Zu Beginn der 1890er-Jahre, als die Münchner Friedhöfe überlastet waren, setzte der Architekt *Hans Grässel* im Stadtrat seine Idee durch, statt einen einzigen Zentralfriedhof jeweils einen großen Friedhof pro Himmelsrichtung anzulegen. Der Ostfriedhof am St.-Martins-Platz war der zweite dieser von Grässel angelegten Friedhöfe. Er wurde zwischen 1894 und 1900 errichtet. Der 1821 angelegte Vorläufer des Ostfriedhofs, der Auer Leichenacker, wurde in den neuen Friedhof integriert.

Eines der besonderen Merkmale des Ostfriedhofs ist die beeindruckende Aussegnungshalle, die vor allem durch ihre imposante Architektur hervorsticht. Die Kuppel ist mit einem Durchmesser von 20 Metern die drittgrößte ihrer Art in Europa. Klassische antike Architekturformen dienten als Vorbild. Flügelbauten mit dorischen Säulen flankieren den Portikus: Neoklassizismus in Reinform!

• Wer aus der Trauerhalle auf den Friedhof hinaustritt, dem fällt sofort ein beeindruckendes Mausoleum auf: die Grabstelle des Münchner Modedesigners **Rudolph Hans Albert Moshammer** (1940–2005). 14. Januar 2005, 8.50 Uhr – Andreas K., Moshammers Chauffeur erscheint zum Dienst in dessen Villa in Grünwald und macht einen entsetzlichen Fund: Rudolph Moshammer liegt tot im Flur vor seinem Schlafzimmer. Um seinen Hals ist ein Kabel gewickelt. Zunächst tappte die Polizei im Dunkeln. Aber bereits einen Tag später konnte der Täter, ein 25 Jahre alter Hilfskoch aus dem Irak, festgenommen werden. Er war in der Nacht des 14. Januars von Moshammer im Strichermilieu kontak-

◀ Im Herzen Jesu erkennt der Mensch den wahren und einzigen Sinn seines Lebens.
▶ Die Urne, ein aus der Antike geerbtes Bestattungssymbol, gilt als Behälter der Seele.
▼ Die Aussegnungshalle von der Friedhofsseite aus gesehen

◂ Grab von Hans Steyrer, dem »bayerischen Herkules«
▸ Mausoleum von Rudolph Mooshammer und seiner Mutter Else
▾ Grab von Toni Berger, dem »Brandner Kaspar«

tiert worden. Wegen eines Streits um die Bezahlung hatte er seinen »Freier« erdrosselt. »Mosi«, wie er von den Münchnern liebevoll genannt wurde, war Inhaber einer glamourösen Modeboutique in der Münchner Maximilianstraße. Arnold Schwarzenegger und Charlton Heston zählten zu seinen Kunden. Die schwarze König-Ludwig-Perücke mit zwei Strähnen auf der Stirn und die Yorkshire-Terrier-Hündin Daisy, die er stets auf dem Arm trug, waren seine Markenzeichen. Er kurvte im Rolls Royce durch die Stadt und war häufig Gast bei Partys der Schickeria. Bis zum Tod seiner Mutter Else im Jahr 1993 war er in der Öffentlichkeit immer zusammen mit ihr aufgetreten. Seine Beerdigung wurde die eindrucksvollste, die der Ostfriedhof je erlebt hatte: 10 000 Menschen flankierten den Weg des Leichenzugs durch die Innenstadt. Auch zahlreiche Obdachlose, die Moshammer stets unterstützt hatte, wollten ihm die letzte Ehre erweisen. Das Mausoleum hatte Moshammer bereits 1988 als letzte Ruhestätte für seine Mutter und sich erworben. Nun waren die beiden wieder zusammen.

Geht man von der Aussegnungshalle Richtung Westen, gelangt man über schattige Wege zum ursprünglichen Teil des Ostfriedhofs: dem Auer Leichenacker. Es empfiehlt sich, wegen der beeindruckenden Grabsteine und Figuren, die man an der Mauer findet, diese entlangzugehen.

- Ein schlichtes schwarzes Familiengrab erinnert an den letzten Henker Bayerns, im Grabplatz 47-2-21 direkt an der Friedhofsmauer liegt er begraben: **Johann Baptist Reichhart** (1893–1972). Er hatte sich in den verschiedensten Berufen versucht: Gastwirt, Bücherverkäufer, Gemüsehändler. 1924 übernahm er von seinem Onkel das bayerische Amt des Scharfrichters. 150 Goldmark pro Hinrichtung bekam er – Akkordarbeit, denn mit den Nazis brachen goldene Zeiten für ihn an, sprach deren Justiz doch willkürlich immer mehr Todesurteile aus. Zu seinen Opfern gehörten auch die Geschwister Scholl. Nach Kriegsende wurde Reichhart von der US-Militärregierung bis Ende Mai 1946 als Scharfrichter weiterbeschäftigt – insgesamt hatte er in seiner 23-jährigen Tätigkeit 3165 Menschen getötet. Und das, obwohl er sich als gläubiger Katholik und Pazifist bezeichnete.
- **Hans Steyrer** (1849–1906) war ein bayerischer Metzger und Gastwirt, ein Kraftprotz, den man den »bayrischen Herkules« nannte [46-5-12]. Seine Glanznummer war »Das lebende Reck«: An seinen ausgestreckten Armen ließ er seinen zwölfjährigen Sohn turnen. 1879 erfand er den festlichen Einzug

der Wiesnwirte, indem er erstmals mit geschmücktem Wagen durch ganz München zur Wiesn zog. Zwar wurde er im Stadtzentrum von der Polizei gestoppt, aber er tat es in den folgenden Jahren immer wieder. Der Volkssänger Anderl Welsch hat ihn so besungen:

»Das Bayernland schaut mit Stolz auf den Mo,
der mit oan Finger vier Zentner heb'n ko.«

- Ein Kriminalfall, der bis heute ungelöst ist: Am 13. Juni 1886 starb König Ludwig II. von Bayern (der »Märchenkönig«) im Starnberger See. An seiner Seite fand auch das Leben seines Psychiaters ein tragisches Ende. **Johann Bernhard Aloys Gudden** (1824–1886), seit 1875 Ritter von Gudden, hatte eine wesentliche Rolle bei der Absetzung Ludwigs II. gespielt, denn er verfasste das Gutachten, das zur Entmündigung Ludwigs führte. Was wirklich geschah, wird man wohl nie erfahren. Weil aber Ludwig II. unversehrt war, während von Guddens Leiche Verletzungen im Gesicht und Würgemale am Hals aufwies, gehen Experten davon aus, dass sich der König im See ertränken wollte und dass von Gudden versucht hatte, ihn davon abzuhalten, was ihn schließlich selbst das Leben kostete. [M-li-5/6]

Am Ende der Mauer angekommen, führt der Weg nach Süden zur eindrucksvollen, im Zweiten Weltkrieg zerstörten und seit 2017 fast wieder im Originalzustand rekonstruierten **Kaskadenanlage**. Sie befindet sich zwischen den Gräberfeldern 74/75 und 76/77.

- Ganz in der Nähe der Kaskaden ruht der Schauspieler **Toni Berger** (1921–2005), der die Rolle seines Lebens im Volksstück »Der Brandner Kaspar und das ewig' Leben« spielte, und zwar als Boandlkramer (der Tod), der vom Brandner Kaspar, der sich zusätzliche Lebensjahre ergaunern will, beim Kartenspiel betrogen wird. [77-2-7]

Sehenswert ist das durch *Hans Grässel* erbaute **Städtische Krematorium** (1929) am östlichen Rand des Ostfriedhofs, dessen Trauerhalle unter Denkmalschutz steht. Weil die Kirche 1929 die Feuerbestattung noch ablehnte, wurde beim Bau auf religiöse Symbolik verzichtet.

An die denkmalgeschützte Trauerhalle schließt sich das architektonisch sehr interessante neue Krematorium unmittelbar an. An diesem **neuen Krematorium** soll demnächst, um Besuchern eine Oase der Ruhe anzubieten, ein Friedhofscafé entstehen.

Auf einen Blick

OSTFRIEDHOF

St.-Martins-Platz 1, 81541 München,
Tel. 089/858 36 79 10
Entstehung: 1900
34 000 Grabstätten
Gesamtfläche: 25,86 ha

ANFAHRT

ÖPNV: Tram 18 ab Karlsplatz. Oder S1 ab Karlsplatz bis Rosenheimer Platz, von hier mit Tram 25 zum Ostfriedhof
Auto: Vom Stachus über Sonnen-, Blumen- und Fraunhoferstraße, Reichenbachbrücke, Ohlmüller-, St.-Bonifatius-Straße und St.-Martins-Platz

WEITERE PROMINENTE

Rex Gildo (Ludwig Hirtreiter/ 1936–1999), Schlagersänger [122-01-21]
Georg Kronawitter (1928–2016), Münchner Oberbürgermeister [61-1-1A]
Klaus Löwitsch (1936–2002), Schauspieler (»Tatort«, »Derrick«, »Der Alte«) [88-11-4]
Barbara Valentin (1940–2002), Schauspielerin [M-li-183]
Thomas Wimmer (1887–1964), Oberbürgermeister und Ehrenbürger Münchens [061-1-2]

EINKEHR

Ristorante Pizzeria L'Orchidea (St.-Martins-Platz 3, Tel. 089/69 35 97 73, ristorante-lorchidea.com)

OBERGIESING

Ein Spaziergang durch das Trendviertel ist ein heißer Tipp: Das Areal zwischen Bahnstrecke, Ostfriedhof, Eintracht- und Werinherstraße ist ein Schmuckstück (gute Übersicht unter muenchner-spaziergaenge.info/ blog-obergiesing.html).

5

Friedhof Haidhausen

DAS WÄLDCHEN
MITTEN IN DER STADT

Der Friedhof Haidhausen ist einer der ältesten Friedhöfe Münchens. Bei einer Fläche von annähernd 2,5 Hektar beherbergt er etwa 4600 Gräber.

Während die zum Friedhof gehörende **Pfarrkirche St. Johann Baptist** schon im Jahr 808 erstmals namentlich belegt ist, fand der älteste Teil des Friedhofs 1315 seine erste Erwähnung. Mit der Eingemeindung Haidhausens im Jahr 1854 übernahm die Stadt München auch den Friedhof. Während des Zweiten Weltkriegs wurde der öffentliche Betrieb des Friedhofs vorübergehend eingestellt, 1955 aber mit einer neuen Aussegnungshalle wieder aktiviert.

Der Friedhof, der aus einem städtischen und einem kirchlichen Teil besteht, ist von einer hohen rohbacksteinernen Mauer umgeben. Rund um diese befindet sich ein dicht besiedelter, bürgerlich geprägter Stadtteil mit zahlreichen denkmalgeschützten Wohnhäusern – ein sehr beliebtes Wohnviertel. Obwohl man bereits von der Straße die hohen und dicht nebeneinanderstehenden Bäume hinter der Mauer sehen kann, überrascht der Eindruck, den man gewinnt, wenn man den Friedhof über die Freitreppenanlage an der Kirche betritt. Schlagartig steht man in einem dichten, dunklen Laubwald. Die alten Bäume überdachen die Begräbnisstätte fast vollständig.

Zweieinhalb Hektar ist eine sehr kleine Fläche, und dennoch ist dieser »innerstädtische Waldfriedhof« ein Ruhepol im belebten Stadtviertel Haidhausen. Das gedämpfte Licht und sein Spiel mit den Schatten der alten Gehölze erzeugt Spannung, und doch ist die Atmosphäre von Ruhe und Kraft durchdrungen. Es ist hauptsächlich dieses Flair, das einen Besuch lohnenswert macht. Kunstvolle alte Grabstätten und Plastiken gibt es nicht viele, und die Persönlichkeiten, die hier liegen, sind mit wenigen Ausnahmen kaum noch

Kirchturm der Alten Pfarrkirche St. Johann Baptist (auch: Alte Haidhauser Kirche)

◂ Moderne Plastik »Madonna mit Kind«
▸ Gedenkkreuz für die Opfer der Cholera-Epidemien von 1836 und 1854
▾ Urnenstelen: In diesen Säulen sind mehrere Urnen untergebracht.

bekannt. Man sucht, findet, steht vor einem Grab – und geht weiter. Die Frage »Wer ist das?« stellen sich wohl die wenigsten. Indessen würde es sich lohnen, etwas zu recherchieren.

- *»… ich trage es einem Menschen auch nicht eine Minute nach, wenn ich ihn beleidige …«* Der Wiener **Robert Neumann** (1897–1975) zählt heute zu den großen unterschätzten Romanciers Österreichs [6-7-59]. Den größten Erfolg brachten ihm seine Parodien »Mit fremden Federn« (1927) und »Unter falscher Flagge« (1932).
- *»Deshalb sitze ich jetzt im Café Luitpold, betrachte Leute, ihre schäumenden Schlagrahmmäuler, Frauen, Männer, junge Mädchen, bunt angemalt wie Zebrafinken, und warte voller Spannung auf den Mann nach Henry und denke, wenn ich vorher gewußt hätte, daß Gefühle, die einen beinahe umgebracht haben, eines Tages so vergehen …«* Unverwechselbar, einfühlsam, lyrisch, »schön« ist die Sprache der mit mehreren Preisen ausgezeichneten Lyrikerin **Gisela Pfeiffer** (1925–1992). Ihre sensiblen Metaphern kreisen stets um dieselben infrage gestellten Dinge: Liebe, Tod, Krieg, Gewalt. Geboren in der Altmark, lebte und arbeitete sie in München, zuletzt in Haidhausen. [17-4-15]
- Der für die *Süddeutsche Zeitung* berichtende Journalist **Egon Scotland** (1948–1991) kam während der Balkankriege der 1990er-Jahre in das umkämpfte Gebiet um Glina. In Jukinac wurde er in seinem als Pressefahrzeug gekennzeichneten Wagen von einem Scharfschützen getroffen und erlag wenig später seinen Verletzungen. [4-1-35]
- **Oskar Perron** (1880–1975) war ein deutscher, von Hugenotten abstammender Mathematiker. Privatdozent für Mathematik an der Universität München, außerordentlicher Professor in Tübingen, ordentliche Professur in Heidelberg: eine Bilanz, die sich sehen lassen kann. Mit seiner Perronschen Methode bei der Behandlung des Dirichlet-Problems (alles klar?) erlangte er internationale Anerkennung. [4-6-41]

▲ Ein Hauch von Melancholie durchzieht im Herbst den Haidhauser Friedhof.
▼ Mannshohe Statue von Jesus Christus am Kreuz

Auf einen Blick

FRIEDHOF HAIDHAUSEN

Einsteinstr. 74, 81675 München,
Tel. 089/858367910
Erste Nennung: 1315
4600 Grabstätten
Gesamtfläche: 2,43 ha

ANFAHRT

ÖPNV: U4 oder U5 ab Odeonsplatz Richtung Neuperlach Süd bis Haltestelle Max-Weber-Platz
Auto: Prinzregentenstraße stadtauswärts, dann Maria-Theresia- und Einsteinstraße

WEITERE PROMINENTE

Kurt Böhme (1908–1989), Opernsänger
Otto Brüggemann (1901–1968), Schauspieler [4-6-1]

WIENER PLATZ

Der ca. 600 m entfernt liegende Wiener Platz erinnert an das alte Haidhausen. Mit seinem dörflichen Flair, mit Maibaum, Biergarten, Marktständen und den niedrigen Häusern ringsum ist der Platz ein Muss für jeden München-Besucher.

Blühende Kastanien am Wiener Platz in Haidhausen

6

Friedhof Bogenhausen

LETZTE RUHESTÄTTE VIELER PROMINENTER MÜNCHNER

Der Friedhof an der spätbarocken Kirche St. Georg im alten Ortskern von Bogenhausen besteht bereits seit dem 9. Jahrhundert.

Der idyllisch am Fuß der alten Pfarrkirche gelegene Friedhof wirkt beinahe schlicht. Mausoleen, Skulpturen und imposante Engel findet man kaum, stattdessen bestimmen bunt bemalte schmiedeeiserne Grabkreuze das Bild. Im Schatten der Kirche ruhen neben den alteingesessenen Bogenhausener Familien zahlreiche prominente Münchner: Künstler, Schauspieler, Regisseure, Wissenschaftler und Politiker.

- Kinder in aller Welt lieben die Geschichten von **Erich Kästner** (1899–1974). Wen hat das Treffen der beiden Zwillinge Lotte und Luise in »Das doppelte Lottchen« nicht gerührt? Wer hat den Kindern, die in »Emil und die Detektive« einen Dieb verfolgen, nicht die Daumen gedrückt? Kästner war aber weit mehr als »nur« ein Kinderbuchautor – er war ein provokanter Satiriker, der sich in seinen Werken mit treffsicherem Witz gegen Spießbürgertum, Militarismus und Faschismus wendete. Unter den Nationalsozialisten wurden seine Bücher verboten und verbrannt, er selbst wurde immer wieder verhaftet. Nach dem Krieg arbeitete er als Kabarettist, Dramatiker und Herausgeber. 1959 wurde er mit dem Bundesverdienstkreuz ausgezeichnet. [M-re-4]

1975 wählte der weltberühmte italienische Regisseur *Michelangelo Antonioni* den Friedhof und die Kirche als Drehort.

> *»David Locke, ein vom Leben gelangweilter Reporter, findet in der Wüste des Tschad die Chance für einen Neuanfang: Als er einen gewissen David Robertson tot auffindet, inszeniert er sein eigenes Ableben und nimmt die Identität des Toten an, der ihm verblüffend ähnlich sieht. Unglücklicherweise handelt es sich bei*

◄ Das Grab von Erich Kästner und seiner Lebensgefährtin Luiselotte Enderle
► Das wunderschöne schmiedeeiserne Kreuz am Grab von Walter Sedlmayr
▼ Der Kirchenraum der katholischen Filialkirche St. Georg in Bogenhausen

Der Bogenhausener Friedhof

Robertson um einen Waffenhändler. Um die Termine aus dessen Kalender wahrzunehmen, reist Locke nach München. Hier soll er in einer Kirche zwei Waffenschieber treffen. ... Locke geht durch den Südeingang des von einer efeuumrankten Friedhofsmauer umgebenen Friedhofs, blickt kurz auf die Gräber, dann geht er in die Kirche, in deren herrlichem Rokoko-Ambiente gerade eine Hochzeit stattfindet. Als die Hochzeitsgesellschaft wieder weg ist, hört Locke plötzlich Stimmen. ›Sind Sie Mr. Robertson?‹«

Der Film? »Beruf Reporter«. Der Schauspieler? Jack Nicholson. In diesem Film, in dem Antonioni die irreführende Natur der Wirklichkeit und die Realität der Fiktion thematisierte, wird aus der inneren Flucht des Protagonisten auch eine äußere: Von der Wüste führt ihn die Reise über London, München, Barcelona und Tanger in die trockenen Weiten Südspaniens.

- **Walter Sedlmayr** (1926–1990), Volksschauspieler (»Münchner Gschichten«, »Der Millionenbauer«, »Polizeiinspektion 1«), Autor und gefürchteter Salvator-Derblecker. Er wurde am 15. Juli 1990 mit einem Messer schwer verletzt und mit einem Hammer brutal erschlagen. Die Jagd nach den Tätern wurde für die Mordkommission zu einer mühevollen Aufgabe. Es dauerte ein ganzes Jahr, bis Sedlmayrs Ziehsohn und dessen Halbbruder von der Münchner Mordkommission verhaftet und im Mai 1993 dann in einem Indizienprozess zu lebenslanger Haft verurteilt wurden. [M-Li-48]
- An der efeuumrankten Mauer links vom Eingang leuchtet ein rotes Herz auf einem schmiedeeisernen Kreuz. Symbolisiert dieses das verletzte Herz von **Liesl Karlstadt** (1882–1960)? Ihre Biografie ließe es vermuten. Wenn man das Herz aufklappt, findet man den eigentlichen Namen der Karlstadt, Elisabeth Wellano. Karl Valentin sagte einmal in einem Sketch zu seiner späteren Bühnenpartnerin Liesl Karlstadt:

»Sie, Fräulein – Fräulein, Sie san eben als Subrettn aufgetreten, heut hab i Sie zum ersten Mal g'sehn. Des is nix. Wissen's ... Wissen's, Sie san so schüchtern, und so brav schaun's aus. Sie ham mich direkt derbarmt. Aber Sie san sehr komisch.«

Liesl Karlstadt galt immer »nur« als kongeniale Partnerin Karl Valentins, dabei hing viel von Valentins Erfolg an der Geistesgegenwart, mit der sie auf dessen Improvisationen reagierte. Trotz ihrer Ängste und Depressionen durch Valentins Rücksichtslosigkeit trat sie bis 1940 an seiner Seite auf. Nach dem Krieg arbeitete sie zunehmend bei Film und Rundfunk, später auch im Fernsehen. [M-li-5]

• Im Schatten eines rotblättrigen Fächerahorns liegt ein großer, glatter Stein auf dem Grab des Kult-Filmregisseurs **Rainer Werner Fassbinder** (1945–1982). Er drehte in einem knappen Jahrzehnt mehr als 40 teils richtungsweisende Filme. Hauptthema: die Ausbeutbarkeit von Gefühlen. Nur um ein paar zu nennen: »Katzelmacher« (1969), »Lola« (1981) und »Die Sehnsucht der Veronika Voss« (1982). Fassbinder starb im Alter von 37 Jahren an einer Mischung aus Schlafmitteln und Kokain. [1-4-2]

• Mit der Serie »Monaco Franze – Der ewige Stenz« schenkte **Helmut Dietl** (1944–2015) dem deutschen Fernsehen Anfang der 1980er-Jahre eine seiner originellsten Figuren. Mit der Fernsehserie »Kir Royal (Aus dem Leben eines Klatschreporters)« nahm er sich die Münchner Schickeria der 1980er-Jahre vor. [3-1-96]

• **Helmut Fischer** (1926–1997) war zweifellos einer der beliebtesten Münchner Schauspieler der 1980er- und 1990er-Jahre [2-4-2]. Das verdankte er seiner Rolle als Kriminalkommissar Franz Münchinger in der bereits genannten Fernsehserie »Monaco Franze«. Als Charmeur und Schürzenjäger, wie er im Buche steht, lebt der Stenz (umgangssprachlich für Frauenheld) mit seiner Frau Annette von Soettingen (Ruth Maria Kubitschek), die mit Engelsgeduld seine Affären erträgt. Ein paar seiner Sprüche:

> *»Ich wollte Sie ja gar nicht ansprechen, Fräulein. Ich wollte Sie ja nur fragen, ob wir vielleicht eine Tasse Kaffee zusammen trinken wollen.«* Oder: *»A bisserl was geht immer!«*

Helmut Dietl und Helmut Fischer haben wie kaum andere das Schwabinger Lebensgefühl verkörpert. Dort, wo sie sich einst kennenlernten, im Café an der Münchner Freiheit, sitzen sie jetzt wieder zusammen: in Form zweier Bronze-Denkmäler des Bildhauers *Nikolai Tregor*.

Es ist schon ein wahres Statussymbol, hier im Friedhof Bogenhausen begraben zu werden. Aber: Nur wer durchgängig 30 Jahre lang im Bestattungsbezirk Bogenhausen gelebt hat, darf hier auch seine letzte Ruhe finden – es sei denn, man war eine der Persönlichkeiten, die sich um die Stadt besonders verdient gemacht haben.

▲ Das Grab von Helmut Dietl und seiner Mutter Else
▼ Bronze-Skulpturen von Helmut Dietl und Helmut Fischer (von Nikolai Tregor)

◀ Das Grabkreuz der Schauspielerin Liesl Karlstadt
▶ Der Chinesische Turm im Englischen Garten …
▼ … mit seinem beliebten Biergarten

Auf einen Blick

FRIEDHOF BOGENHAUSEN

Bogenhauser Kirchplatz 1, 81675 München, Tel. 089/858 36 79 10
Besteht seit dem 9. Jh.
240 Grabstätten
Gesamtfläche: 0,22 ha

ANFAHRT

ÖPNV: Vom Isartor mit Tram 16 Richtung Effnerplatz bis Mauerkirchner Straße, dann zu Fuß über Steinbacher- und Neuberghauser Straße
Auto: Prinzregentenstraße nach Osten, weiter über Möhl- und Neuberghauser Straße

WEITERE PROMINENTE

Der schottisch-deutsche Astronom **Johann von Lamont** (1805–1879) hinterließ eine kleine Geldsumme, mit der Verfügung, täglich einige Münzen in die geöffnete Hand seiner Büste am Grab zu legen, die dann von Kindern entnommen werden durften. [M-li-1]
Ernst Hürlimann (1921–2001), Architekt und Karikaturist [M-Li-41]
Oskar Maria Graf (1894–1967), Schriftsteller: Seine Romane (z. B. »Der Abgrund«) sind scharfe literarische Analysen des Verhältnisses von Kleinbürgertum und Faschismus. [M-Li-42]
Bernd Eichinger (1949–2011), Filmproduzent, Drehbuchautor und Filmregisseur u. a. von »Die unendliche Geschichte« (1984), »Der Name der Rose« (1986), »Der bewegte Mann« (1994), »Der Schuh des Manitu« (2001, Koproduzent) [M-Li-48]
Hans-Jochen Vogel (1926–2020), ehemaliger Münchner Oberbürgermeister und deutscher Justizminister [3-2-19]

EINKEHR

Wiener's Café (Ismaninger Str. 71a, Tel. 089/98 10 77 69, wieners.de/sissi)

ENGLISCHER GARTEN

Zu einer der Hauptsehenswürdigkeiten Münchens, dem Chinesischen Turm im Englischen Garten, sind es zu Fuß nur 10 Minuten. Als eine der größten innerstädtischen Parkanlagen der Welt ist der Englische Garten sowohl bei Münchnern als auch bei Touristen sehr beliebt und lädt zum ausgedehnten Spaziergang ein.

7

Friedhof Riem

TRADITIONELL UND MODERN – DER DESIGNFRIEDHOF

Der Friedhof Riem wurde 1913 errichtet und 1937 nach München eingemeindet. Im Jahr 2001 wurde auf der gegenüberliegenden Straßenseite ein moderner Erweiterungsteil eröffnet.

Insgesamt umfassen die beiden Friedhofsbereiche heute etwa 4300 Gräber auf einer Fläche von 9,16 Hektar. Der alte Teil von 1913 entspricht auch heute noch der Vorstellung, die man von einem Dorffriedhof hat: eine gewisse Abgeschiedenheit, klar strukturierte rechteckige Gräberfelder und vor allem haushohe Bäume mit dichten, Schatten spendenden Kronen. Die riesigen Hopfenbuchen, Zuckerahorne oder Holländischen Linden haben etwas Beschützendes und Bewahrendes, und beim Betreten dieses »heimeligen« Friedhofs beschleicht so manchen wohl der Gedanke, die Großeltern warteten hier sehnsüchtig auf seinen Besuch.

Ganz anders auf der gegenüberliegenden Straßenseite, an der 2001 ein moderner Erweiterungsteil eröffnet wurde. Dort befindet sich die von den Architekten *Andreas Meck* und *Stephan Köppel* gestaltete Aussegnungshalle, wofür die beiden u. a. 2001 mit dem Bayern-Preis des Bundes Deutscher Architekten ausgezeichnet wurden. Mit den Worten der Jury des Architekturpreis Beton 2001:

> *»Die Räume werden so gefügt, dass durch die Materialität, durch Licht- und Wegeführung eine der Aufgabe besonders angemessene Atmosphäre und ein kontemplatives Raumerlebnis entsteht.«*

Möchte man die neue Aussegnungshalle auf nüchterne Weise beschreiben, also ohne die selbstzelebrierende Fachsprache der Architekturbeflissenen zu bemühen, würde man von einem Eichenholzkubus unter einem Steindach

Im neuen Teil des Friedhofs Riem steht »Das Kreuz im Nichts« von Hermann Bigelmayr.

▲ Gedenkstätte für ungeborene Kinder (von Robert Michael Weber)
▼ Die Stahlskulptur »Raumzeichnung«, ein blau lackiertes Werk von Alfred Regnat

sprechen und Begriffe verwenden wie strenge Geometrie, rechteckige Formen, gerade Linien, Naturstein und Beton, Eichenholz und Stahl.

Die Landschaftsplanung und -gestaltung des Neuen Teils des Friedhofs erfolgte durch die Landschaftsarchitektin *Ursula Hochrein* und den Landschaftsarchitekten *Axel Lohrer*. Das Gelände besteht aus vier unregelmäßigen, durch Trockenmauern aus Gneis und Böschungen voneinander getrennten Vierecken, die gegenüber der Umgebung erhöht wurden. Die Grabflächen liegen also wie Inseln leicht erhoben in einer Landschaft, die aus Trockenwiesen besteht. Baumhaine aus verschiedenen heimischen Arten wie Wildäpfeln, Kiefern-Birken, Kirschen und Eichen-Hainbuchen geben jedem Bereich seinen eigenen Charakter. Dieses Zusammentreffen von artenreichen Wiesen, Gräbern, den vertrauten Bäumen und den archaisch anmutenden Steinmauern ist das eigentlich Neue an diesem Friedhof. Man fühlt sich, als wäre man in eine »antike« bäuerliche Landschaft in einen mythischen Süden versetzt worden.

• Seit 2010 befindet sich im neuen Teil des Friedhofs eine **Gedenkstätte für ungeborene Kinder**, ein Ort zum Abschiednehmen und ein Raum für Erinnerungen und Gefühle. Der ausdrucksstärkste Teil des vom Bildhauer *Robert Michael Weber* geschaffenen Denkmals ist ein großer, weiß schillernder Kreis aus Hunderten von kleinen, z. T. aus Glas erstellten Mosaiksteinchen, die für die Kinder stehen und gleichzeitig den Kreislauf des Lebens symbolisieren. Das Denkmal trägt die Inschrift: »Du führst mich hinaus ins Weite. Du machst meine Finsternis hell. (Psalm 18)«

• Im neuen Teil des Riemer Friedhofs gibt es auch einen kleinen **Frauenfriedhof**. Die Idee stammt von zehn Frauen, die in der Messestadt Riem, dem Stadtviertel, das auf dem Gelände des 1992 stillgelegten Flughafens Riem erbaut wurde, in einem Wohnprojekt zusammenleben. Diese Frauen wollten auch nach dem Tod zusammenbleiben, und es gelang ihnen tatsächlich, von der städtischen Friedhofsverwaltung im neuen Riemer Friedhof eine Fläche zugewiesen zu bekommen, auf der sich die Frauen später bestatten lassen wollen. Nur kleine, mit Namen, Geburts- und Sterbedaten versehene Schilder sollen an sie erinnern. »Schiefe Kiefer« heißt der eingetragene Verein, ein Name, der sich auf eine Kiefer bezieht, die einmal auf dem Friedhofsgrundstück stand. Heute ist dort die Stahlskulptur *Raumzeichnung* zu sehen, ein blaulackiertes Kunstwerk von *Alfred Regnat*.

Ein weiterer Blickfang des Friedhofs ist das Kunstwerk *Kreuz im Nichts* von *Hermann Bigelmayr*, eine neun Meter hohe Großplastik aus vier Eichenstämmen, auf deren oberem Ende eine fünf Tonnen schwere, natürlich gebrochene Gneisplatte liegt.

Und wie sieht es mit Prominenten aus? Da herrscht auf dem Riemer Friedhof leider kein Gedränge. Ein etwas paradoxes Beispiel soll dennoch hier genannt werden.

- **Hans Korte** (1929–2016) war ein großartiger Schauspieler, spielte und inszenierte am Theater, war im Fernsehen in zahlreichen Serien zu sehen. Alle kannten sein Gesicht, vermutlich aber nur wenige seinen Namen.

Allein wegen der Gegenüberstellung des traditionellen Teils des Friedhofs und dem architektonisch ungewöhnlich interessanten neuen Teil lohnt der lange Weg dorthin. [37-1-42]

Aussegnungshalle des alten Teils des Friedhofs Riem

Auf einen Blick

FRIEDHOF RIEM

Am Mitterfeld 68, 81829 München,
Tel. 089/858 36 79 10
Entstehung: 1913; Erweiterung: 2001
Ca. 4300 Grabstätten
Gesamtfläche: 9,16 ha

ANFAHRT

ÖPNV: Vom Karlsplatz mit U5 Richtung Neuperlach-Süd bis Haltestelle Quiddestraße und von dort mit Bus 139 Richtung Messestadt-West bis Haltestelle Friedhof Riem
Auto: Über die Prinzregentenstraße stadtauswärts, A94 bis Ausfahrt Am Moosfeld, dann Richtung Osten Am Hüllgraben und Am Mittelfeld rechts abbiegen

EINKEHR

's Truderinger Wirtshaus (Kirchtruderinger Str. 17, Tel. 089/42 15 32, truderingerwirtshaus.de)

WEITERE PROMINENTE

Günther Stapenhorst (1883–1976), Offizier und Filmproduzent [30-3-78]
Peter Steiner (1927–2008), Volksschauspieler (Kino u. a. »Liebesgrüße aus der Lederhose«, »Schulmädchenreport«; Fernsehen z. B. Komödienstadel, Königlich Bayerisches Amtsgericht) [22-U3-123]
Gerhard Wendland (1916–1996), Schlagersänger [39-A-4a/b]

RIEMER PARK

Sehenswert ist der Landschaftspark Riem, ein ca. 210 ha großer Landschaftspark im Münchner Stadtteil Messestadt Riem mit einem künstlich angelegten 10 ha großen See. Auf dem Gelände und in direkter Nachbarschaft fand 2005 die Bundesgartenschau statt, daher auch der Name BUGA-Park. Vom Friedhof Riem erreicht man zu Fuß Richtung Osten in wenigen Minuten den Landschaftspark.

8

Friedhof Daglfing

EIN RUHEORT MIT DÖRFLICHEM CHARAKTER

Mit einer Kapazität von ca. 480 Grabstellen und einer Fläche von 4,5 Hektar ist der Friedhof Daglfing einer der kleinsten Friedhöfe Münchens.

Das erstmals im Jahr 839 als »ad Tagolfingas« genannte Daglfing ist ein Stadtteil im Osten von München und gehört zum Stadtbezirk 13 (Bogenhausen). Früher war Daglfing eine eigenständige, aus mehreren Dörfern bestehende Ortschaft, bis 1818, bei der Gemeindebildung in Bayern, aus Daglfing und anderen umliegenden Dörfern die Gemeinde Daglfing gebildet wurde. Am 1. Januar 1930 erfolgte dann die Eingemeindung nach München.

Willkommen auf dem Land! Es sieht fast so aus, als hätte die Verstädterung in Daglfing innegehalten. Während die Nachbarstadtteile Denning, Zamdorf, Englschalking und Riem ihre dörfliche »Unschuld« längst verloren haben – man denke nur an den urbanen Charakter der Messestadt Riem –, ist Daglfing bis heute noch ländlich geprägt. Selbst im von Einfamilien- und Reihenhäusern geprägten Süden Daglfings ist die bauliche Dichte gering, und alte Gehöfte und große Gärten prägen den Charakter des Ortsbilds und verleihen ihm einen rustikalen Charme.

In und um den alten Ortskern, dessen Mitte die katholische Kirche **St. Philipp und Jakob** bildet, ist Daglfing ein kleines verträumtes Dorf geblieben, eines der letzten Dörfer im Münchner Stadtgebiet, in dem scheinbar die Zeit stehen geblieben ist. Die Kirche bietet mit ihrem Friedhof und einigen Bauernhäusern sowie den unmittelbar angrenzenden Gartenflächen ein malerisches dörfliches Bild. Östlich, nördlich und westlich bieten landwirtschaftliche Flächen Aussichten auf eine offene Landschaft.

◀ Schmiedeeisernes Grabkreuz mit Muttergottes-Abbild
▶ Die von einem Friedhof umgebene Kirche St. Philipp und Jakob
▼ Trabrennen in Daglfing

Der Friedhof Daglfing entstand vermutlich bereits im 14. Jahrhundert und zählt damit zu den ältesten Stadtteilfriedhöfen Münchens. Im etwa 0,45 Hektar großen Friedhof gibt es ca. 480 Grabstätten. Er besteht aus einem kirchlichen und einem städtischen Teil mit den sich anschließenden neuen Gräberfeldern. In diesem »entlegenen« Friedhof ist Stille tatsächlich ein bemerkenswertes Element, denn es gibt keine stark befahrenen Straßen in der unmittelbaren Umgebung. Man kann ab und zu sogar die Stimme eines Vogels hören. Auffällig sind die Geradlinigkeit, die Ordnung und die Gepflegtheit dieser öffentlichen Anlage. Trotz seines Alters ist der Friedhof »modern« - vergeblich sucht man Großdenkmäler, Plastiken oder kunstvoll gestaltete Gräber, was wohl das Ergebnis der sogenannten Friedhofsreformbewegung des frühen 20. Jahrhunderts sein muss, die versuchte, jene historistische Vielfalt zu überwinden, die als protzig galt, insgesamt jedenfalls als unästhetisch. Das führte überall in Deutschland zu einer Normierung der Gräber. Die Gräber eines beliebigen Friedhofs zeigen heute weitgehend einheitliche, relativ niedrige Formate, was auf die Vorgaben der verschiedenen Friedhofsverwaltungen zurückzuführen ist.

Nur an kleindimensionierten Engeln mangelt es auch hier nicht, sind diese anscheinend immer noch Sinnbilder der Auferstehungshoffnung, die Trost und Geborgenheit spenden. Wer genauer hinguckt [Gräberfeld 2], wird auf einer Grabstätte auch einen eingravierten Pferdekopf finden, welcher an die in der Nähe gelegene Trabrennbahn erinnert.

Der idyllisch gelegene Friedhof ist sehr gepflegt, leider aber auch bereits voll belegt. Deshalb wurde seitens der CSU-Fraktion im Bezirksausschuss ein Antrag an die Stadt gestellt, eine Friedhofserweiterung zu realisieren und ebenso eine Urnenwand zu planen und zu errichten. Doch aus letzterem Wunsch scheint nichts zu werden - auch für eine Urnenwand gebe es, so die Stadt, keinen Platz.

Auf einen Blick

FRIEDHOF DAGLFING

Kohlbrennerstr. 19, 81929 München,
Tel. 089/858367910
Entstehung: 14. Jh.
480 Grabstätten
Gesamtfläche: 0,45 ha

ANFAHRT

ÖPNV: S8 Daglfing, dann Bus 183 zur Kunihohstraße
Auto: Prinzregentenstraße stadtauswärts, dann A94 und Rennbahnstraße

EINKEHR

Gasthof zur Post (Kunihohstr. 5, Tel. 089/938032, gasthofzurpostdaglfing.de)

FLOHMARKT

Jeweils Fr 7–15 und Sa 6–16 Uhr findet auf dem Trabrenngelände in Daglfing ein Flohmarkt statt: Edles aus Glas und Silber, Porzellan, alter Schmuck, Bilder, Aquarelle, Armbanduhren, Mobiliar aus der Biedermeierzeit, Münzen, Puppen, Kinderwägen, Antikschmuck – auch für Nichtkäufer ein Fest fürs Auge.

TRABRENNBAHN

Sehenswert sind die sporadisch stattfindenden Trabrennen (terminplaner-pferderennen.de/trab/muenchen-daglfing/index.html).

Engel als Grabschmuck spenden Trost und vermitteln Frieden und Geborgenheit.

9

Friedhof Berg am Laim

LOKALHISTORISCH INTERESSANTES KLEINOD

Die römisch-katholische Kirche Sankt Stephan in Berg am Laim gilt als die älteste urkundlich erwähnte Kirche Münchens.

Das Dorf Baumkirchen fand erstmals im Jahr 870 unter dem Namen »ad Pouminunchirihum« Erwähnung. Der Name Baumkirchen leitet sich von einer frühmittelalterlichen Holzkirche ab, einer »Kirche aus Bäumen«, wie es der Brauch war, ehe Bischof Altmann von Passau im 11. Jahrhundert das Bauen von steinernen Kirchen einführte. Im Ortskern von Baumkirchen befand sich die katholische Kirche **St. Stephan**, eine der ältesten urkundlich erwähnten Kirchen im Raum München und Pfarrkirche des Ortes, der heute Teil von Berg am Laim ist. Die im spätgotischen Stil errichtete Kirche wurde 1511 fertiggestellt. Der Turm zeigt als einziger Münchner Kirchturm noch das alte hohe Spitzdach. Zwischen 1713 und 1727 erfolgte die Umgestaltung des Innenraums im Stil des Barocks. Im Zuge der Säkularisation verlor St. Stephan 1806 seinen Status als Pfarrkirche an die römisch-katholische Bruderschaftskirche St. Michael in Berg am Laim und wurde zu einer Filialkirche derselben. 1808 wurde Baumkirchen der Hofmark Berg am Laim eingegliedert, im Jahr 1818 Teil der neu gegründeten Gemeinde Berg am Laim (heute Stadtbezirk 14) und am 1. Juli 1913 als ebensolche in die Stadt München eingemeindet.

Die an der Kreuzung Baumkirchner/Neumarkter Straße gelegene katholische Kirche ist von einem idyllischen Friedhof umgeben. Zwischen hohen Bäumen liegt ein kleines Gräberfeld mit 54 verbliebenen Gräbern. Die können leider nur erhalten bleiben, wenn die Pflege ehrenamtlich erfolgt. Um viele dieser Grabstätten kümmert sich seit Jahren das unermüdliche Mitglied des Pfarrgemeinderats *Hans Deiber*. Gräberpaten sind willkommen.

Die verwitterte Rundbank lädt zur Besinnung ein.

▲ Seit Langem aufgelassene, aber teils sorgsam renovierte Gräber
▼ Der Kirchenraum der römisch-katholischen Kirche Sankt Stephan

• In die Kirchenwand eingelassen sind die Grabmäler von fünf Pfarrern aus dem 15.–18. Jahrhundert. Der letzte, **Sebastian Mutschelle** (gest. 1800), war ein bekannter Philosoph der Aufklärungszeit.

Rund um die Kirche hat sich die Stadt ihren Raum genommen, mit ihrem Lärm, ihren stark befahrenen Straßen, ihrer 08/15-Wohnarchitektur und den Silhouetten einiger unansehnlicher Bürohochhäuser. Wenn man in der Lage ist, mit der Kraft der Fantasie diese Hintergrundbilder verschwinden und den Geräuschpegel verstummen zu lassen, kann man durch das kleine schmiedeeiserne Gartentor, das in den Friedhof führt, eine längst vergangene, noch vom bäuerlichen Leben bestimmte Welt betreten, die jahrhundertelang das Gesicht von Berg am Laim prägte. Erst nach dem Zweiten Weltkrieg nahm hier die Urbanisierung ihren Lauf und verdrängte endgültig das Ländliche zugunsten des Städtischen. Ein altes Schwarz-Weiß-Foto aus dem Jahr 1948 zeigt die Kirche St. Stephan inmitten von landwirtschaftlich genutzten Grundstücken. In den folgenden Jahrzehnten wurden landwirtschaftliche Flächen zunehmend versiegelt, und die Metropole München hatte sich Berg am Laim endgültig einverleibt.

Nimmt man auf der stark verwitterten Rundbank Platz, die den Stamm einer alten Silberweide umfasst, die alten Gräber mit den (teilweise sorgsam renovierten) Inschriften sowie die gepflegte Rasenfläche und die Vielfalt des Baumbestands (Eschen, Birken, eine Hopfenbuche, ein Walnussbaum und ein Tulpenbaum) auf sich wirken lässt, verschwindet das Stadt-Umfeld wie durch Zauberhand. Läuten dazu dann alle Viertelstunde noch die Kirchenglocken, könnte man sich in einem beliebigen kleinen bayerischen Dorf wähnen, zu einer Zeit, als der Kirchgang am Sonntag noch Pflicht war, der Pfarrer noch die Autorität im Dorf und die Kirche der gesellschaftliche Mittelpunkt.

Gräber von Prominenten, über die es viel zu erzählen gäbe, findet man hier nicht, und trotzdem erzählen die Gräber Geschichten: von Soldaten, die im Ersten Weltkrieg »den Heldentod« starben, von der Mutter, die auch »im schwersten Leid in Gott vertraute«, und vom hochwürdigen Pfarrer und ehemaligen Distriktschulinspektor, der »auf die Auferstehung wartet«. Vor allem aber erzählen die Grabinschriften von der Art, wie sich die Verstorbenen selbst darstellen wollten: »Dr. Frz. Seraph Schmeitzl, Stadtpfarrer und langjähriger Beichtvater der barmherzigen Schwestern«, »Michael Brandner – Bürgermeister zu Berg am Laim und Mitglied der königlichen Hofoper daselbst – 1852 bis 1914«, »Frau Elisabeth Huber – Ziegelei- und Realitätenbesitzers Gattin«, »Frau Theresia Daschner – Bäckermeistersgattin«.

Die wiederholte Bezeichnung »Ziegeleibesitzer« gibt auch einen kleinen Einblick in die Wirtschaftsgeschichte von Berg am Laim: Hier wurde bereits im 14. Jahrhundert Lehm abgebaut, und Ende des 17., Anfang des 18. Jahrhunderts errichteten die Hofmarksherren eigene Ziegelhütten in Berg am Laim. Die Ziegelherstellung durch private Unternehmer setzte dann ab den 1830er-Jahren ein.

Lebensdaten erzählen, was den Menschen einmal wichtig war.

Auf einen Blick

ST. STEPHAN – BERG AM LAIM

Filialkirche der Pfarrei St. Michael, Berg am Laim, Baumkirchner Platz, 81673 München
Gründungsjahr der Kirche: 1511
Friedhof aufgelassen, ca. ein paar Dutzend Grabstätten noch sichtbar

ANFAHRT

ÖNPV: S4/S5 bis Haltestelle Berg am Laim oder Tram 19 bis Haltestelle Berg am Laim; Auto: Altstadtring-Tunnel, dann Prinzregenten- und Truderinger Straße bis Baumkirchner Platz

GOTTESDIENSTE

Info beim Pfarramt St. Michael, Tel. 089/43 68 96 30, st-michael-bal.de

MUNICH ART DISTRICT

An der Neumarkter Straße haben internationale Größen der Street-Art-Szene Gebäudefassaden mit sehenswerten Kunstwerken geschmückt. Von der St.-Stephan-Kirche erreicht man den Munich Art District entlang der Neumarkter Straße 500 m in Richtung Westen (munichartdistrict.com/tour; muenchner-spaziergaenge.info/blog-streetart.html)

PFARRKIRCHE ST. MICHAEL

Die zwischen 1735 und 1751 erbaute spätbarocke Pfarrkirche St. Michael ist eine der prachtvollsten Sakralbauten Münchens. Man erreicht sie, indem man die Baumgartner Straße ca. 500 m nach Süden bis zur koptisch-orthodoxen St.-Mina-Kirche entlang geht, von hier links in die Josephsburgstraße und nach ca. 120 m rechts in die Clemens-August-Straße biegt.

EINKEHR

Kurz vor der St.-Mina-Kirche liegt das Schneider Bräuhaus (Baumkirchner Str. 5, Tel. 089/431 63 81, schneider-brauhaus-bergamlaim.de).

Wandmalerei im Munich Art District

Im Süden Münchens erwarten den Besucher der älteste, längst zum Museum gewordene Friedhof, die Parklandschaften des jüngsten, die Idylle eines eleganten Waldfriedhofs und der geschichtsträchtigste Ort der Erinnerung, der Mahnung und Versöhnung, der Friedhof am Perlacher Forst mit seinem Ehrenhain I. *(ab S. 100).*

Im Süden Münchens

10

Alter Südlicher Friedhof

MUSEALER ERSTER GROSSFRIEDHOF

Der 1583 angelegte, heute aufgelassene Alte Südfriedhof war zwischen 1788 und 1869 die einzige Begräbnisstätte Münchens.

Herzog Albrecht V. ließ 1563 wegen Platzknappheit auf den Münchner Friedhöfen einen neuen Friedhof außerhalb der Stadt anlegen, den »ferterer Freithof« (Äußeren Friedhof). Neben den Pestopfern wurden hier vornehmlich Arme, Außenseiter und Selbstmörder bestattet. 1788 verbot Kurfürst Karl Theodor gar alle Bestattungen innerhalb der Stadtmauern, und in der Folge wurden alle Innenstadtfriedhöfe aufgehoben und die dortigen Gebeine umgebettet. So wurde der Äußere Friedhof zum Zentralfriedhof.

Betritt man durch das Tor neben der Stephanskirche das Friedhofsareal, wird man urplötzlich von einer einzigartigen Atmosphäre und Stille überrascht, die gar in andere Zeiten und Orte entführt. Und das, obwohl sich der Friedhof inmitten des trendigen Glockenbachviertels befindet. In diesem Friedhof, der fast 80 Jahre lang die einzige Begräbnisstätte der Stadt war, liegt die Crème de la Crème des 19. Jahrhunderts: Neben schlichten Gräbern findet man pompöse Familiengräber, die durch die unterschiedlichsten Stil- und Formvarianten und durch eine außerordentliche Repräsentationsfreude die Bedeutung und den Reichtum der Verstorbenen zur Schau tragen.

Aber mehr noch als allein das von Menschen Geschaffene ist es das Zusammentreffen von Natur und Geschichte, die dem Besucher ein Gefühl der Entrücktheit geben: Efeu, struppige Hecken, halb verfallene Backsteinmauern, Wandgräber mit kaum noch lesbaren Inschriften sowie das Spiel von

◀ Das neugotische Denkmal erinnert an die Sendlinger Mordweihnacht.
▶ Jugendstil-Grabplastik
▼ Blick vom Alten Nördlichen Teil auf den Eingang des Camposanto

An manchen Stellen hat die Zeit den Alten Südlichen Friedhof in einen märchenhaften Urwald verwandelt.

Licht und Schatten, unter dem die prunkvollen Gräber aufleuchten, führen in eine die Fantasie stark anregende Zauberwelt. Dieser oft als das »steinerne Gedächtnis Münchens« bezeichnete Friedhof besteht aus einem länglichen, sarkophagähnlichen Teil und einem neueren, nach italienischem Vorbild erbauten Camposanto. Er gilt als einer der bedeutendsten in Europa und beinhaltet etwa 18 000 Gräber.

Unzählige prominente Persönlichkeiten haben hier ihre letzte Ruhestätte gefunden, und einige besonders interessante seien hier aufgelistet.

- Seine Bekanntheit verdankt **Ferdinand von Miller** (1813–1887) hauptsächlich der im Auftrag von Ludwig I. realisierten kolossalen Bronzestatue der Bavaria (18,52 m hoch und ca. 87 t schwer) auf der Theresienwiese. Der erste Entwurf stammte von *Leo von Klenze*, modelliert wurde die Bavaria vom Bildhauer *Ludwig Schwanthaler*, gegossen wurde sie aber in der von Ferdinand von Miller geleiteten Königlichen Erzgießerei. [M-re-79/80]
- Wenn bei einer Inszenierung des »Jedermann« bei den Salzburger Festspielen der Tod auf der Bühne erscheint, wird es im Saal schlagartig still – wenn hingegen der Tod bei einer Vorstellung des »Brandner Kaspar« die Szene betritt, fangen alle an zu lachen: In der Novelle vom »Brandner Kasper« von **Franz von Kobell** (1803–1882) ist der Boandlkramer (der personifizierte Tod) die lustigste und liebenswerteste Figur dieser Geschichte, die in Bayern Kultstatus genießt. Deren Titelfigur, der Brandner Kaspar, überlistet beim Kartenspiel mithilfe von reichlich Kirschgeist den Tod und ergaunert sich damit zusätzliche Lebensjahre. [M-re-215/216]
- Die **Sendlinger Mordweihnacht** (auch Sendlinger Blutweihnacht oder Sendlinger Bauernschlacht) war eine blutige Episode bayerischer Geschichte. Während des Spanischen Erbfolgekriegs (1701–1714) hatten kaiserliche (österreichische) Truppen Bayern besetzt und ein strenges Regime mit hohen Abgaben und Zwangsrekrutierungen etabliert. Unter der Führung des mythischen Volkshelden Schmied von Kochel zogen ca. 2800 Bauern aus dem Oberland am 24. Dezember 1705 nach München, um dem ein Ende zu setzen: »Lieber bayerisch sterben als kaiserlich verderben.« Im Kampf gegen die Besatzungsmacht fielen mehr als 1000 Bauern, die überlebenden Rädelsführer wurden geköpft und gevierteilt. Heute gilt der Aufstand als Wurzel bayerischer Identität. Ein neugotisches **Denkmal am Massengrab der Verstorbenen** von Friedrich von Gärtner erinnert an das Ereignis. [6-16-24/27]

- **Joseph Huber** (1763–1829) wurde Finessensepperl genannt, weil er als Postillon d'amour (als Überbringer von Liebesbriefen) fungierte. Vertrauter aller Verliebten und Verwahrer ihrer Geheimnisse, war er bekannt für seine treffenden, witzigen und skurrilen Aussprüche. Zur Münchner Redensart geworden ist beispielsweise »Nix gwiss woa's ma ned«. [13-4-27]
- Der Pferdehändler und Inhaber einer Lohnkutscherei **Franz Xaver Krenkl** (1780–1860) war auch ein erwähnenswertes Münchner Original. Sein Rennstall errang 14 Mal den Meistertitel beim Oktoberfestrennen. Berühmt wurde er wegen eines Spruchs: Als Krenkel im Englischen Garten einmal verbotswidrig die Kutsche von Kronprinz Ludwig überholte, rief er ihm dabei zu: »Majestät, wea ko, dea ko!«. Der Ausruf wurde zum geflügelten Wort. [17-9-57]
- **Adele Spitzeder** (1832–1895) wurde zwar anonym begraben, aber ihre Geschichte ist erzählenswert, denn die Schauspielerin machte eine außergewöhnliche Karriere als Betrügerin: 1869 kam sie auf die Idee, hohe Zinsen für geliehenes Geld zu versprechen. So versprach sie der Frau eines Zimmermanns zehn Prozent Zinsen im Monat für 100 Gulden und zahlte ihr die ersten zwei Monatszinsen sofort aus. Bald kamen weitere Bürger, die ihr Geld zu solchen Konditionen anlegen wollten. 1869 gründete sie die Dachauer Bank, deren Geschäftsmodell das erste aktenkundige Schneeballsystem in Deutschland war. Als dann einmal eine größere Anzahl Gläubiger sich gleichzeitig ihr Geld auszahlen lassen wollte, brach dieses System zusammen, und Spitzeder wurde am 12. November 1872 wegen betrügerischem Bankrott zu drei Jahren Zuchthaus verurteilt. [18-14-26]
- 1840 erweiterte **Friedrich von Gärtner** (1791–1847), neben **Leo von Klenze** (1784–1864) einer der wichtigsten Architekten Anfang des 19. Jahrhunderts, den Alten Südlichen Friedhof um einen neuen rechteckigen Teil mit nach innen offenen Arkaden. Zu sehen sind heute nur noch die Arkaden an der Nordseite, wo sich die imposanten Grabmäler der beiden Architekten befinden. [NA-175] und [NA-171]

Weitere beachtliche, prahlerische Grabmäler findet man entlang der Außenmauern, dort, wo sich einst die Arkaden befanden.

- Erwähnenswert ist auf jeden Fall **Helene Miller** (1813–1898), die Tochter eines Schusters aus dem Chiemgau. Ihr Porträt gehört zu den bekanntesten der 36, meist vom Hofmaler Joseph Karl Stieler gemalten Porträts der »Münchner Schönheiten« in der Schönheitengalerie König Ludwigs I. in Schloss

◂ Grab von Justus von Liebig im Neuen Südlichen Teil des Friedhofs
▸ »Im Dachstübchen«, eines der bekanntesten Werke von Carl Spitzweg
▾ Grab von Carl Spitzweg

Nymphenburg. Verheiratet mit König Ludwigs Kammerdiener Hermes Miller und Mutter von zehn Kindern starb sie 85-jährig am 18. November 1898 in München. [38-3-25]

Und noch eine interessante Geschichte: Der Großhändler **Georg Lorenz** hatte gegen Ende des 19. Jahrhunderts für sich und seine Gattin einen Grabplatz unter den Neuen Arkaden erworben. Als seine Frau starb, heiratete er noch einmal – ein großer Fehler, denn als Lorenz im Jahr 1901 das Zeitliche segnete, währte seine Totenruhe nicht lange: Die junge Witwe dachte nicht daran, lange zu trauern, sie zog es vor, dem süßen Leben zu frönen und ihr Vermögen in Monte Carlo und Nizza zu verjubeln. Um ihre Schulden zu begleichen, war sie schließlich gezwungen, die prestigeträchtige Grabstätte zu verkaufen. Die sterblichen Überreste ließ sie heimlich in einem Reihengrab auf dem Ostfriedhof verscharren ...

Nachdem große Teile der Gebäude und Friedhofsmauern im Krieg durch Fliegerbomben zerstört wurden, schloss man den Friedhof 1944, und er verfiel daraufhin in einen Dornröschenschlaf. Und in der Tat könnte man an vielen Stellen meinen, man sei im Dornröschen-Märchen angekommen – nur dass hier statt Rosen überall Efeu wuchert. Besonders kostbare Skulpturen, Büsten, Reliefs, Wappen und Bronzetafeln beherbergt die ehemalige Aussegnungshalle, das **Lapidarium**, das leider nur im Rahmen einer Führung besichtigt werden kann. Seit 1973 steht der Alte Südliche Friedhof unter Denkmalschutz und seit 1989 unter Naturschutz.

Die Öllampe: Zeichen der Wachsamkeit und des Glaubens an die Auferstehung Christi

Auf einen Blick

DER ALTE SÜDFRIEDHOF

Thalkirchner Str. 17, 80337 München,
Tel. 089/23 19 93 43
Fertigstellungsjahr: 1563
Ca. 18 000 Grabstätten
Gesamtfläche: 7 ha

ANFAHRT

ÖPNV: U3/U6 bis Haltestelle Sendlinger Tor und zu Fuß über den Sendlinger-Tor-Platz und die Thalkirchner Straße zum Stephansplatz
Auto: Vom Karlsplatz erreicht man den Friedhof über Sonnen-, Blumen-, Pestalozzi- und Stephanstraße.

WEITERE PROMINENTE

Arnold Ritter von Zenetti (1824–1891), Stadtbaurat: Ließ den Alten Nördlichen Friedhof sowie den Münchner Schlachthof erbauen und führte flächendeckend die Kanalisation in München ein [04-11-1/2]
Carl Spitzweg (1808–1885), Maler [5-17-10/11]
Wilhelm von Kaulbach (1805–1874), Historienmaler: War durch große Wand- und Deckengemälde mit geschichtlichem und literarischem Inhalt sehr bekannt [M-li-280].
Joseph Fraunhofer (1787–1826): Wegweisend auf dem Gebiet der Optik, Physik und Astronomie [AA12 bei Gräberfeld 25]
Georg Simon Ohm (1789–1854), Physiker: Nach ihm wurde die Einheit für den elektrischen Widerstand benannt. [15-1-41]
Joseph Pschorr (1770–1841), Begründer der Brauerei-Dynastie, Vater von 20 Kindern [9-1-6/9]
Justus von Liebig (1803–1873), Chemiker, Nobelpreisträger: Entwickelte ein Herstellungsverfahren für Rindfleisch-Extrakte und entdeckte zugleich mit zwei anderen Forschern 1831 das Narkosemittel Chloroform [40-12-11]
Carl von Effner (1831–1884), Königlich Bayerischer Hofgärtendirektor und Gartengestalter [13-1-34]
Franz Xaver Gabelsberger (1789–1849) wurde als Erfinder eines Kurzschriftsystems (Stenografie) international bekannt. [7-10-54]

EINKEHR

Café Vollaths (Thalkirchner Str. 1,
Tel. 089/54 76 05 54, vollaths.me)

Auch interessant

Grabstein-Symbolik

Das Individuelle an Grabsteinen sind die eingravierten Formen, Inschriften und Symbole. Neben den christlichen Sinnzeichen wie Kreuz und Christusmonogramm gibt es die verschiedensten allegorischen Sinnbilder.

In der Bibel gilt der **Adler** als Symbol der Allmacht Gottes und der Stärke des Glaubens.

Die **Ähre** ist ein Fruchtbarkeitssymbol. Ähren und Trauben sind Zeichen des Abendmahls. Sie stehen für die Vergebung von Schuld.

Der **Anker** gilt als Symbol für Gottes Liebe, ist Symbol der Hoffnung, der Zuversicht und des Heils, Christus als Anker, der in den Hafen der Erlösung führt, in die himmlische Seligkeit.

Der **Baum** (bzw. der **Lebensbaum**) ist ein Zeichen des Friedens, der Auferstehung und der Unsterblichkeit. Er steht für die Verbindung zwischen oben und unten.

Das **Boot** symbolisiert das menschliche Leben. Auf den Wellen des Ozeans fährt der Mensch in der Geborgenheit des Schiffes (Glauben) dem Ufer (Ewigkeit) entgegen.

Seine symbolische Kraft bezieht der **Efeu** aus seiner großen Ausdauer. Daher ist er ein Symbol für ewiges Leben sowie für Freundschaft und Treue.

Engel sind Sinnbilder der Auferstehungshoffnung und Boten zwischen Gott und Mensch. Sie dienen als Beschützer und spirituelle Begleiter der Verstorbenen.

Die **Eule** sieht im Dunklen, also dort, wo andere nicht sehen können. Das machte sie zum Symbol für Weisheit.

Das Licht einer **Fackel** oder einer **Kerze** spendet Hoffnung in der Dunkelheit. Die gesenkte oder gelöschte Fackel sowie eine geknickte oder gelöschte Kerze sind Zeichen für das erloschene Leben.

Der **Fisch** galt den Urchristen als geheimes Zugehörigkeitszeichen. Die Anfangsbuchstaben des griechischen Wortes »Ichthys« für Fisch (iesous christos theou yios soter) stehen für »Jesus Christus, Sohn Gottes, Erlöser«.

◀ Grabsymbol Lebensbaum
▶ Die kleinen Engelchen sind allgegenwärtig und stehen vor allem für Trost.
▼ Das Boot symbolisiert die Reise des Lebens und die Überfahrt in die Ewigkeit.

Das **Füllhorn** ist ein Symbol für Reichtum, Überfluss und gutes Leben.

Wie auch bei der Lyra und der Harfe gehört die **Geige** zu den Memento-Mori-Symbolen (»Denke daran, dass du sterben musst«). Sie symbolisiert den Klang, der bereits in dem Augenblick verschwunden ist, in dem der Geiger ihn geschaffen hat.

Ineinander gelegte Hände sind ein Zeichen für Treue über den Tod hinaus, Hoffnung auf das Wiedersehen in einer anderen Welt. **Betende Hände** stehen für das Vertrauen zu Gott.

Der **Kelch** symbolisiert das heilige Sakrament der Eucharistie und ist ein Symbol für Gnade und Sündenvergebung.

Als Kreis ohne Anfang und Ende steht der **Kranz** für die Unendlichkeit und dadurch auch für das Leben nach dem Tod.

Das **Lamm** als Opfertier symbolisiert den Opfertod Jesu und dessen Auferstehung. Er steht also für den Sohn Gottes als Erlöser und Versöhner der Menschheit.

Betende Hände: Ausdruck des tiefen Vertrauens in Gott

Eine dreiteilige **Lilie** symbolisiert die Heilige Dreifaltigkeit.
Die **Lyra** steht für die Kürze des Lebens, denn der Ton verklingt kurz nach seinem Entstehen.
Die **Öllampe** gilt als Zeichen ewigen Lichts.
Ein **Ölzweig** steht für Zuversicht und Gottvertrauen, denn es war eine Taube mit einem Ölzweig, die Noah zeigte, dass die Flut und damit Gottes Zorn verebbt war.
Der **Palmzweig** galt bei den Römern als Zeichen für militärische Siege. Auf christlichen Grabsteinen sind sie Zeichen des Sieges über den Tod und Sinnbild ewigen Lebens.
Eine **geknickte Rose** symbolisiert die Vergänglichkeit des Schönen. Man findet sie oft auf Gräbern von Mädchen, die in jungen Jahren gestorben sind.
In einem mit einer **Säule** geschmückten Grab ist mit Sicherheit das Familienoberhaupt begraben. Eine **abgebrochene Säule** ist hingegen ein Symbol für ein zu früh beendetes Leben.
Die **Sanduhr** symbolisiert die verrinnende Lebenszeit und erinnert uns an unsere Endlichkeit. Sie gilt auch als ein Symbol der Ewigkeit im Jenseits.
Wegen des Sündenfalls symbolisiert die **Schlange** den Teufel. Eine andere Auslegung sieht sie als Grabwächterin. Die Schlange, die sich in den eigenen Schwanz beißt, ist ein Zeichen für Unendlichkeit und Ewigkeit.
Die **Sonne** spendet Licht und Wärme. Deshalb gilt sie seit jeher als Symbol für Liebe, Mut und Gottvertrauen. Jesus wird als »Licht der Welt« bezeichnet, die aufgehende Sonne erinnert uns an seine Auferstehung.
Die **Spirale** symbolisiert den Lebensweg des Menschen und gilt als Zeichen für ein sich auf Christus hin erneuerndes Leben.
Im Christentum repräsentiert die **weiße Taube** den Heiligen Geist und die Auferstehung.
Eine **Taube mit einem Olivenzweig** im Schnabel ist ein Zeichen des Friedens und des Vertrauens in Gott (s. auch »Ölzweig«).
Der **Totenschädel** ist wohl das bekannteste Symbol für die Vergänglichkeit menschlichen Lebens, manchmal in Verbindung mit gekreuzten Knochen oder mit einem Wurm, der sich durch die leeren Augenhöhlen ringelt.
Die **Urne** ist kein christliches Todessymbol, da im Christentum die Kremation verboten war. Das Symbol war aber auch vor der Wiedereinführung der Feuerbestattung als Bekrönung von Grabmälern beliebt.

11

Neuer Südfriedhof

DER JÜNGSTE MÜNCHNER GROSSFRIEDHOF

Der Neue Südfriedhof wurde vom Landschaftsarchitekten Gottfried Hansjakob geplant und im Jahr 1977 fertiggestellt. Er ist als einziger Münchner Großfriedhof hügelig angelegt.

Das Friedhofsgelände umfasst eine Fläche von 35,64 Hektar und beherbergt etwa 9800 Grabstätten. Als wegen des raschen Anstiegs der Bevölkerung die Grabplätze im Friedhof am Perlacher Forst knapp geworden waren, benötigte man eine neue Begräbnisstätte für den Münchner Süden und Osten. Angelegt wurde der neue Friedhof in den Jahren 1971–1974 vom Münchner Garten- und Landschaftsarchitekten *Gottfried Hansjakob* und im Jahr 1977 als Neuer Südfriedhof eröffnet.

Betritt man das Friedhofsareal am Haupteingang an der Hochäckerstraße, hat man den Eindruck, in einen der zahlreichen Münchner Parks zu kommen – Gräber sind kaum zu sehen, nur von Bäumen gesäumte Wege und eine naturbelassene ausgedehnte Wiese. Nach wenigen Schritten kommt man zu einer Weggabelung: Rechts geht es leicht ansteigend auf den Hügel, auf dem sich die Aussegnungshalle befindet, und geradeaus führt der Weg nach Süden am Rand des parkähnlichen Geländes des Friedhofs entlang.

Nimmt man dann die erste Querstraße nach links, kommt man zunächst an einer Reihe von adretten, sehr bildwirksamen Gräberfeldern vorbei. Das vierte Gräberfeld mutet hingegen auf den ersten Blick etwas ungepflegt an: Neben blumengeschmückten Gräbern mit funkelnagelneuen Grabsteinen finden sich auch verwahrlost bis heruntergekommen aussehende Gräber, die nur durch kleine Gedenktafeln aus Holz als solche zu erkennen sind. Was auffällt, sind die orientalisch klingenden Namen auf den Grabsteinen und die arabischen

▲ Ein Kinderengel ist ein Symbol von Vergänglichkeit und Trost zugleich.
▼ Der See verleiht dem Friedhof den Charakter einer weitläufigen Landschaft.

◀ Weiße Rosen drücken Treue aus und symbolisieren die Unschuld.
▶ Das Grab von Dieter Hildebrandt, dezent mit einem Lebensbaum geschmückt
▼ Das islamische Gräberfeld

Schriftzeichen an einigen von ihnen. Es handelt sich um ein **muslimisches Gräberfeld**. Im Kapitel »Islamische Bestattungskultur« (s. S. 96) wird näher auf dieses Thema eingegangen.

Spaziert man knapp 150 Meter weiter Richtung Süden, gelangt man zur sogenannten **Keltenschanze**. Als Viereck- oder Keltenschanze bezeichnet man die Reste eines meist quadratischen, von einem umlaufenden Wall und Graben umgebenen Areals, bei dem vermutet wird, dass es sich um einen keltischen Gutshof oder eine keltische Siedlung handelte. Die völlig eingeebnete Keltenschanze aus der Zeit um ca. 500 v. Chr. auf dem Gelände des Friedhofs wurde durch Vertiefung und durch eine Lindenbepflanzung im Schachbrettmuster kenntlich gemacht. Wenn man sich ins Innere des Quadrats begibt, können – lässt man sich darauf ein – die Bäume durch ihre gleichmäßigen Abstände und das Schattenmuster, das sie werfen, eine rätselhafte emotionale Reaktion auslösen: als befände man sich innerhalb dieses Walles nicht allein, als würde man von den Geistern früherer Menschen beobachtet. Was taten diese Menschen einst? War diese Keltenschanze ein Kult- oder gar ein Opferplatz?

In Richtung Westen weitergehend, erkennt man bald den **See**, der die Mitte des Friedhofs einnimmt und ihm den Charakter eines weitläufigen Englischen Gartens verleiht. In der Ausschreibung für den Bau dieser Friedhofsanlage wurde nur eine Belegung von 40 Prozent der Gesamtfläche für Gräberfelder verlangt, so konnten die restlichen 60 Prozent als Natur- und Grünflächen angelegt werden. Leicht erhöht über dem See liegt die **Aussegnungshalle**, fast verborgen in einem dichten Wäldchen, und westlich des Sees, von einer dichten grünen Wand verborgen, kommt man zu dem Areal mit dem Großteil der Gräberfelder. Hier findet man weder die pompösen Ehrenruhestätten manch eines historischen Friedhofs noch besonders ansprechende Steine und Bepflanzungen. Wie auch? Denn wie ein Grabmal auszusehen hat, das bestimmen Friedhofssatzung und Friedhofsordnung. So kann es sein, dass Sinnsprüche, Gebete oder sogar Porträts des Verstorbenen fehlen, dass Grabmale aus Beton, Glas und Kunststoffen sogar verboten sind. Auch die Anzahl von Prominenten, die hier begraben sind, hält sich in Grenzen.

• Zu erwähnen wäre beispielsweise der evangelische Pfarrer **Adolf Sommerauer** (1909–1995), »der Seelsorger der Nation«, der in den 1960er- und 1970er-Jahren im Fernsehen große Bekanntheit erlangte. Bis zu sechs Millionen Zuschauer verfolgten seine Sendung. [314-H-251]

- Auf dem Grab der früh verstorbenen **Margot Mahler von Diringshofen** (1945–1997) steht »Don't stop loving me …«. Dem Publikum des Bayerischen Fernsehens dürfte sie durch ihre Rollen im »Komödienstadl« bekannt sein. Auffallend waren ihre naiv-kindliche Ausdrucksweise und ihre besondere Stimme. [301-U1-43a]
- Der Kabarettist, Schauspieler und Buchautor **Dieter Hildebrandt** (1927–2013) ist hier wohl der Bekannteste. Er war einer der einflussreichsten Kabarettisten in der Geschichte der Bundesrepublik. Die Kabarettsendungen »Notizen aus der Provinz« und »Scheibenwischer« sorgten wegen ihrer politischen Schärfe nicht selten – besonders bei konservativen Politikern – für Ärger und Skandale: *»Die ARD macht sich in jede Hose, die man ihr hinhält. Und die Privaten senden das, was drin ist.« – »Politiker muss man nicht achten, man muss auf sie achten.« – »Überhaupt gelten Menschen, die nicht hungrig, habgierig und zerlumpt aussehen, nie als Ausländer.« – »Politik ist nur der Spielraum, den die Wirtschaft ihr lässt.«*
Die bürokratische Willkür, gegen die Hildebrandt ein Leben lang kämpfte, verfolgte ihn bis zum Schluss, denn seine Familie hatte die Rechnung ohne die Friedhofsverwaltung gemacht: Der Naturstein des Grabes, so hieß es, verstoße gegen die Friedhofsordnung. Laut dieser müssen Natursteine dann, wenn der Grabstein direkt an einem Weg liegt und die Rückseite sichtbar ist, von allen Seiten bearbeitet sein. Auf der Vorderseite des von der Familie ausgesuchten Marmorsteins aus Portugal war ein Lebensbaum eingraviert. Man einigte sich schließlich darauf, dass dessen Blätter auch auf der Rückseite eingraviert würden. [209-A-7 a/b]

Ohne Zweifel ist der Neue Südfriedhof der am großzügigsten angelegte Friedhof Münchens. In vielen Bereichen sind keine Gräberfelder vorgesehen, sondern Natur- und Grünflächen. Aber auch im Schatten hoch gewachsener Bäume zwischen den Gräbern fühlt man sich wie in einem Park.

Auf einen Blick

DER NEUE SÜDFRIEDHOF

Hochäckerstr. 90, 81737 München,
Tel. 089/40 28 79 43 80
Fertigstellungsjahr: 1977
Ca. 9800 Grabstätten
Gesamtfläche: 35,5 ha

WEITERE PROMINENTE

Anna Wimschneider (1919–1993), Autorin (»Herbstmilch – Lebenserinnerungen einer Bäuerin«) [109-2-20]
Hans Stadtmüller (1905–1990), Schauspieler [214-A-5]

ANFAHRT

ÖPNV: S3 Richtung Holzkirchen bis Haltestelle Giesing, dann Bus 139 Richtung Truderinger Bahnhof bis Haltestelle Neuer Südfriedhof
Auto: Über die Prinzregentenstraße stadtauswärts, dann über Innsbrucker Ring, Ottobrunner und Unterhachinger Straße zur Hochäckerstraße

EINKEHR

Pizzeria Roma direkt am Parkplatz des Friedhofs mit kleinem gemütlichem Außenbereich (Hochäckerstr. 106, Tel. 089/68 07 40 24, roma-perlach.de); Café-Konditorei Tortenparadies (Unterhachinger Str. 24, Tel. 089/62 78 95 55, tortenparadies-muenchen.jimdofree.com)

Der Neue Südfriedhof hat einen wunderbaren Landschaftscharakter.

Auch interessant

Islamische Bestattungskultur

Im Islam gelten Gräber als Symbole der Vergänglichkeit, jegliche Art von Verschwendung bei der Grabgestaltung ist verboten.

So ist die letzte Ruhestätte meist sehr schlicht, der einzige Schmuck ein einfaches Holzschild mit Namen, Geburts- und Sterbetag. Grabsteine, Kerzen und Blumen sind unüblich. Oft werden auch nur Grabeinfassungen gesetzt, um eine Störung der Totenruhe durch unbeabsichtigtes Betreten zu verhindern. In der Praxis haben sich aber viele Muslime in Deutschland längst die hiesige Art des Grabschmucks zu eigen gemacht.

Bei einer muslimischen Bestattung ist die **Waschung des Verstorbenen** unabdingbar. Danach wird der Verstorbene in ein weißes Leichentuch gehüllt, das **Kefen**. Nach dem **Totengebet und der Freisprechung** des Verstorbenen von seinen Sünden wird dieser zu seinem Grab getragen. Das Gesicht des Verstorbenen muss gegen Mekka ausgerichtet sein, zur Kaaba, dem zentralen Heiligtum des Islams. Bevor das Grab mit Erde geschlossen wird, werden Holzbretter in Form eines Dachs über dem Verstorbenen angeordnet, um Luft für die Verwesung zu schaffen. Feuerbestattungen sind im Islam nicht gestattet.

Der Hauptunterschied zur deutschen Bestattungskultur liegt also im **Gebot, den Verstorbenen ohne Sarg, nur in ein Leichentuch gewickelt zu bestatten**, damit der Körper schneller zur Erde zurückkehrt. Das war bzw. ist ein Problem, weil in einigen Bundesländern (Bestattungsgesetze sind Ländersache) die Beisetzung ohne Sarg verboten ist. Aus diesem Grund wurde bis vor Kurzem in Deutschland noch die Mehrheit aller Muslime, die hier starben, in die Heimat ausgeflogen und dort bestattet – auch wenn oft niemand mehr dort war, der die Gräber besuchen konnte. Der Bayerische Bestatterverband schätzt, dass etwa ein Viertel der in Deutschland lebenden Muslime – meist jene aus der ersten Gastarbeitergeneration – sich weiterhin eine Überführung in die

Die Schönheit der arabischen Kalligraphie auf einem Grabstein

◀ Grab eines Neugeborenen: »Meine Augen konnten die Welt nicht sehen. Ich konnte die Milch meiner Mutter nicht schmecken und den süßen Geruch meines Vaters nicht spüren …«

▶ Im Islam gelten Gräber als Symbole der Vergänglichkeit.

▼ Sterbedaten im gregorianischen und im islamischen Kalender (frühere) Heimat wünsche. Die meisten von ihnen möchten hingegen längst in ihrer neuen Heimat beerdigt werden, dort, wo ihre Kinder und Enkel sind.

Auf Friedhöfen in Deutschland gilt in der Regel eine Verweildauer der Gräber von 20 bis 25 Jahren. Spätestens nach dieser Frist muss die Grabstelle neu erworben werden. Nach islamischem Bestattungsritus soll ein Toter aber nicht nur in bislang nicht als Grab genutztem Boden, sondern auch »für die Ewigkeit« beigesetzt werden. Es wird also ein **ewiges Ruherecht** gefordert, das Exhumierungen, Umbettungen und Wiederbelegungen ausschließt. Die Nutzungsdauer zu verlängern, ist für Muslime nur eine Annäherung an ihre religiösen Vorschriften.

Die **Bestattung innerhalb der ersten 24 Stunden** nach dem Tod, wie es der Islam verlangt, ist in Deutschland verboten – Beisetzungen sind (zur Verhinderung einer Bestattung von Scheintoten) frühestens 48 Stunden nach dem Tod erlaubt. Einige Länder haben aber keine starre Frist mehr und erlauben eine frühere Bestattung, sofern zuvor eine Leichenschau durchgeführt wurde.

Friedhöfe mit islamischen Grabanlagen gibt es in München schon seit Langem. Die erste dieser Anlagen wurde 1955 auf dem Waldfriedhof eröffnet. Anfang der 1990er-Jahre kam eine auf dem Westfriedhof hinzu, dann auf dem Neuen Südfriedhof.

Am 1. April 2021 wurde in Bayern die Sargpflicht aufgehoben, allerdings gilt das keineswegs als Rechtsanspruch auf Bestattungen im Leichentuch. Aber Gemeinden können jetzt im Einzelfall beurteilen, ob eine Bestattung im Leintuch *»das sittliche Empfinden der Allgemeinheit verletzt«* oder nicht. In München erfüllen derzeit drei Friedhöfe die Voraussetzungen für Bestattungen ohne Sarg nach islamischem Ritus. Der Transport der Leiche zum Grab findet zwar nach wie vor aus Hygienegründen im Sarg statt, aber danach wird der nur in Leinen gewickelte Leichnam in die Erdgrube abgesenkt.

12

Friedhof am Perlacher Forst

IM SCHATTEN VON STADELHEIM

Im 1931 errichteten Friedhof am Perlacher Forst gibt es etwa 21600 Grabplätze, zwei Ehrenhaine für KZ-Opfer, Kriegsgräber polnischer Soldaten sowie ein Feld mit Gräbern sogenannter »Displaced Persons« aus der Nachkriegszeit.

Am 22. Februar 1943 um 16 Uhr eilen Robert und Magdalena Scholl in den Todestrakt der Haftanstalt Stadelheim in München. Sie haben nur wenige Minuten Zeit, sich von ihren Kindern zu verabschieden. Im Besuchsraum umarmt der Vater ein letztes Mal seine Kinder Hans und Sophie – genau eine Stunde vor deren Hinrichtung. Nach dem Abschied gehen die Geschwister furchtlos und fast euphorisch zum Hinrichtungsgebäude. 17 Uhr: Sophie Scholl bleibt auch im Anblick des Fallbeils »ruhig und gefasst«. Ihre Enthauptung (!) dauert nur wenige Sekunden, direkt nach ihr folgen ihr Bruder Hans und Christoph Probst. »Ich habe noch nie jemanden so sterben sehen«, sagte Jahre später staunend über Sophie Scholl deren Henker Johann Reichhart, der allein im Jahr 1942 mehr als 760 Menschen auf der Guillotine getötet hatte. Zusammen mit Alexander Schmorell, Willi Graf und Christoph Probst sowie dem Hochschullehrer Kurt Huber waren Hans und Sophie Scholl der Kern der Widerstandsgruppe »Weiße Rose«, die ab Juni 1942 die Verbrechen der Nationalsozialisten anprangerte und zum Widerstand aufrief. Beim Verteilen von Flugblättern an der Münchner Universität wurden Hans und Sophie am 18. Februar 1943 vom Pedell, Hausschlosser und Hörsaaldiener Jakob Schmid entdeckt und an die Gestapo ausgeliefert.

Die Aussegnungshalle des Friedhofs am Perlacher Forst

▲ Die Gräber von Hans und Sophie Scholl und von Christoph Probst
▼ Ehrenhain I: Mahnmal, das an die Opfer der NS-Verbrechen erinnert

• Wenn man den Friedhof von der Lincolnstraße aus (etwa gegenüber dem AWO-Föhrenpark) betritt, erreicht man mit wenigen Schritten die Gräber der drei Helden: Drei schlichte eiserne Kreuze erinnern an die **Geschwister Scholl** und an ihren Freund **Christoph Probst**. Die Gedanken, die einem durch den Kopf gehen, wenn man auch nur ein paar Minuten vor dem Grab steht, sind beklemmend. [73-1-18/19]

• In der Tat kann ein Besuch des Friedhofs am Perlacher Forst zu einer Unterrichtsstunde über eines der dunkelsten Kapitel der deutschen Geschichte werden. Keine 100 Meter entfernt (neben dem Gräberfeld 77) befindet sich ein weiterer Ort der Erinnerung, Mahnung und Versöhnung: der **Ehrenhain I**. Bereits seit 1950 erinnert dieses Mahnmal an die Opfer der NS-Verbrechen. Die Urnen der 3996 hier bestatteten Menschen kamen u. a. aus dem KZ Dachau und weiteren Konzentrationslagern – hier haben sie endlich ihre letzte Ruhe gefunden. Im Rahmen eines gemeinsamen deutsch-polnischen Projekts, einer Zusammenarbeit der Stiftung Bayerische Gedenkstätten, der Stiftung Polnisch-Deutsche Aussöhnung und dem Polnischen Generalkonsulat wurde das Mahnmal völlig neu gestaltet und am 1. September 2021 eingeweiht. Seitdem informieren Hinweistafeln über die Hintergründe der Anlage, und zwölf von einem polnischen Künstler gestaltete Glastafeln rund um den zentralen Brunnen tragen die Namen der 3996 Opfer. Steht man vor dem Mahnmal und sieht, wie das Gegenlicht die Glastafeln zum Leuchten bringt, kann man die Namen, die Geburts- und Sterbedaten besonders klar lesen. Deren große Anzahl ist erdrückend, sie lähmt und macht betroffen.

Strahlenartig führen alle Wege zur **Aussegnungshalle**, die von hier nur etwa 200 Meter entfernt ist. Sie ist das Erkennungszeichen des Friedhofs am Perlacher Forst: Der zwölfeckige, 35 Meter hohe Bau aus Tuffstein scheint überdimensioniert zu sein für einen Friedhof mit einer Fläche von 28 Hektar und 21 000 Grabstellen. Das erklärt sich dadurch, dass der 1931 errichtete Friedhof ursprünglich für 100 000 Grabstätten auf einer Fläche von 100 Hektar geplant war. Doch es kam anders: Im Jahr 1953 wurde, um den Wohnraumbedarf der amerikanischen Besatzungssoldaten zu decken, südlich des Friedhofs die Siedlung am Perlacher Forst (im Volksmund »Ami-Siedlung«) errichtet. Auch wurde ab den 1960er-Jahren das nahe gelegene Gefängnis Stadelheim ausgebaut, und dessen Gefängnismauern und Wachtürme rückten so nah an den Friedhof heran, dass sie nun de facto die Friedhofsmauern bilden.

Ein mulmiges Gefühl kann den Besucher beschleichen, wenn er, nur ein paar Meter von der Aussegnungshalle entfernt, vor dem Gräberfeld 204 steht – unmittelbar an der Mauer der Justizvollzugsanstalt. In Stadelheim wurden nach der Machtergreifung der Nationalsozialisten bis 1945 über 1200 Personen hingerichtet, und ein Teil von ihnen wurde auf dem benachbarten Friedhof am Perlacher Forst in anonymen Massengräbern verscharrt.

Das Landschaftsbild des Friedhofs ist geprägt durch den Wechsel von Schatten spendendem altem Baumbestand und freieren, sonnenbeschienenen Flächen. Wegen der langen Sichtachsen und des rechteckigen Aufbaus der Gräberfelder und durch die sorgsam beschnittenen Hecken weist der Friedhof, besonders in südwestlichen Teil, fast die Züge eines französischen Gartens auf.

● Kommt man beim gemächlichen Herumspazieren am Gräberfeld 97 vorbei, lohnt es sich, ein paar Minuten vor dem recht unauffälligen Grab von **Elyesa Bazna** zu verweilen, ein Mann, der von sich behauptete, »der größte Spion des Zweiten Weltkriegs« gewesen zu. Bazna (Deckname Cicero), geboren 1904 in Pristina (heute Hauptstadt des Kosovo), gestorben 1970 in München, war 1942 in Ankara als Kammerdiener des britischen Botschafters angestellt. Im Herbst 1943 begann er damit, geheime britische Militärdokumente abzufotografieren, die er dann dem damaligen deutschen Botschafter in der Türkei, Franz von Papen, für 20 000 Pfund Sterling anbot. Wegen des hochsensiblen Inhalts der Papiere blieb die deutsche Abwehr ihm gegenüber immer misstrauisch – Außenminister Joachim von Ribbentrop vermutete ein Täuschnugsmanöver des britischen Geheimdienstes MI6. Dieses Misstrauen führte schließlich dazu, dass Berlin, als Cicero Fotokopien der britischen Geheimpläne des alliierten Landungsunternehmens in der Normandie aushändigte, diese Informationen ignorierte. In der Tat ist es nicht sicher, ob Cicero tatsächlich genaue Informationen über die bevorstehende Landung der Alliierten in der Normandie hatte. Jedenfalls nahm die Weltgeschichte ihren für die Deutschen verhängnisvollen Lauf. Ein Großteil der 300 000 Pfund, die Cicero für seine Spionagetätigkeit erhielt, war im Übrigen Falschgeld … [97-03-69]

Direkt am Friedhof am Perlacher Forst: Mauer und Wachturm der Justizvollzugsanstalt Stadelheim

▲ Auf stillem Weg
▼ Urnengräber im Friedhof am Perlacher Forst

Auf einen Blick

FRIEDHOF AM PERLACHER FORST

Stadelheimer Str. 24 (Haupteingang), 81549 München, Tel. 089/767 73 59 10
Fertigstellungsjahr: 1931
Ca. 21 000 Grabstätten
Gesamtfläche: 28 ha

ANFAHRT

ÖPNV: U1 bis Sankt-Quirin-Platz. Mit Bus 220/147 Richtung Unterhaching bis Haltestelle Lincolnstraße
Auto: Tegernseer Landstraße stadtauswärts bis Ausfahrt Richtung Zentrum/Siedlung am Perlacher Forst

WEITERE PROMINENTE/MAHNMALE

Alexander Schmorell (1917–1943), Widerstandskämpfer [76-1-26]
Harald Dohrn (1885–1945), Widerstandskämpfer [77-1-115]
Stephan Beckenbauer (1968–2015), Sohn von Franz Beckenbauer [7-A-50a/b]
Wilhelm Hoegner (1887–1980), »Vater der Bayerischen Verfassung« [7-A-56]
Ehrenhain II: 94 Personen, die aus politischen Gründen im Gefängnis Stadelheim hingerichtet wurden [Gräberfeld 77]
Displaced Persons: Denkmal für Verschleppte und Zwangsarbeiter/Innen [Gräberfeld 88]
Polnische Kriegsgefangene [Gräberfeld 112]
Sehr empfehlenswert ist die »Filmdokumentation Ehrenhain I« auf Youtube.

EINKEHR

St. Benno-Einkehr (Stadelheimer Str. 71, Tel. 089/690 08 55, st-benno-einkehr.de)

RUSSISCH-ORTHODOXE KIRCHE

Die Russisch-Orthodoxe Kathedralkirche der Hl. Neumärtyrer und Bekenner Russlands und des Hl. Nikolaus (Lincolnstr. 58), das Zentrum der Russisch-Orthodoxen Kirchengemeinde in München, ist sehenswert. Die ehemals »Perlacher Forst Chapel« genannte Kirche war bis 1993 in Besitz der US-amerikanischen Streitmacht.

FASANGARTEN

Wer gut zu Fuß ist, kann einen Spaziergang in der südlichen Umgebung des Friedhofs machen (s. muenchner-spaziergaenge.info/blog-fasangarten.html).

13

Waldfriedhof Solln

IDYLLE AM RAND VON MÜNCHEN

Der 1937 eingeweihte Waldfriedhof Solln hat eine Kapazität von etwa 3000 Grabstellen und umfasst eine Gesamtfläche von ca. 7 Hektar.

Der Architekt *Bruno Biehler* gestaltete den kleinen Friedhof der Gemeinde Solln nach dem Vorbild von *Hans Grässels* Waldfriedhof. 1937 wurde er eingeweiht. Bereits ein Jahr später wurde die selbstständige Gemeinde Solln inklusive Friedhof in die Landeshauptstadt München eingegliedert. Der nahezu ganz von freien Feldern umgebene Friedhof liegt im äußersten Süden Münchens nahe der Wolfratshauser Straße. Kein halber Kilometer weiter im Süden fängt bereits der Forstenrieder Park an. Die kirchenartige Friedhofshalle des Friedhofsgebäudes am Eingang an der Warnbergstraße ist mit schönen Wandmalereien geschmückt; das Ensemble ist denkmalgeschützt.

Wer den Friedhof betritt, wird sofort von Stille umfangen, denn der dichte Baumbestand dämpft die Geräusche der verkehrsreichen Wolfratshauser Straße, und das Schatten spendende Blätterdach vermittelt ein Gefühl des Schutzes. Noch mehr als in einem Friedhof hat man den Eindruck, in einem Wald unterwegs zu sein, der nichts besonders »Geheimnisvolles« hat und in dessen Grün sich die Seele aufs Schönste verlieren kann. Der teils urwaldartige Charakter des Waldfriedhofs fehlt hier völlig, und so mancher von hohen Fichten gesäumte Weg mutet wie eine elegante Allee an. Hierher kommt man nicht wegen der Prominenten und ihren Ruhestätten, man kommt wegen dieses naturnahen und großartigen Ambientes. Von den Prominenten, die im Waldfriedhof Solln begraben sind, seien dennoch zwei hervorgehoben:

- **Vera Brühne** (1910–2001) war der Mittelpunkt einer der spektakulärsten und umstrittensten Kriminalaffären der Nachkriegszeit, die Verfahrenskritiker heute gesichert als ein Synonym für Justizirrtum halten.

Der Waldfriedhof strahlt Erhabenheit und Würde aus.

◀ Das Grab des Volkssängers Weiß Ferdl
▶ Eine Urne auf den Grabmälern war bereits in der Antike üblich.
▼ Die Aussegnungshalle des Waldfriedhofs Solln

19. April 1960: Der Münchner Arzt Otto Praun und seine Geliebte Elfriede Kloo werden in Prauns Villa am Starnberger See tot aufgefunden. Als Todeszeitpunkt stellt der Gerichtsmediziner den 14. April fest. Die Polizei geht zunächst von einem erweiterten Selbstmord aus. Erst als sich herausstellt, dass Vera Brühne die Erbin von Prauns Finca in Spanien ist, kommt es zur Wende: Im Oktober 1961 werden Vera Brühne und ihr Bekannter Johann Ferbach verhaftet.
4. Juni 1962: Am Ende eines der aufsehenerregendsten Indizienprozesse der Nachkriegszeit werden Vera Brühne und ihr Mitangeklagter vom Landgericht München II zu lebenslänglicher Haft verurteilt. Einer der Gründe für dieses Urteil war die – später vor Gericht widerrufene – Aussage von Vera Brühnes Tochter Sylvia Cossy, ihre Mutter habe ihr den Doppelmord gestanden. Eine große Rolle zuungunsten von Vera Brühne spielte die Presse – der Fall wurde degradiert zu einer Story aus der Münchner Schickeria, in der es scheinbar nur um »Luxus, Laster und Lügen« ging. Vera Brühne beteuerte bis zu ihrem Tod ihre Unschuld. Sie wurde nach 18 Jahren Haft von Franz-Josef Strauß begnadigt. Bis heute weiß niemand, ob Vera Brühne tatsächlich eine Mörderin war. Fest steht jedenfalls, dass sie auf Basis der Ermittlungen und Aussagen aus den Jahren 1961/62 in einem Rechtsstaat niemals wegen Mordes hätte verurteilt werden dürfen. [13-1-102]

• Der **Weiß Ferdl** (1883–1949), eigentlich Ferdinand Weisheitinger, zählt zu den bekanntesten bayerischen Volkssängern und -schauspielern [3-W-3]. Grantig, lustig, laut: Die Münchner liebten den Weiß Ferdl. Berühmt geworden ist er mit seinem Gesangsvortrag »Ein Wagen von der Linie 8«, eine Satire auf die Münchner Trambahn:

»Ein Wagen von der Linie 8, weiß-blau, fährt ratternd durch die Stadt.
So fährt der Wagen schnell dahin. Die Menschen, die im Wagen drin,
die schaun gar grantig, niemand lacht. Da drin, im Wagen der Linie 8.«

Am Münchner Viktualienmarkt in der Innenstadt, unmittelbar neben dem kleinen Biergarten, plätschert im Übrigen seit 1953 ein Brunnen mit dem Weiß-Ferdl-Denkmal.

Ein Spaziergang

In unmittelbarer Nähe des Friedhofs liegt auf einer Anhöhe **Gut Warnberg**. Der Gutshof ist sowohl als Bau- als auch als Bodendenkmal in die Bayerische Denkmalliste eingetragen. Im Gutshof ist heute eine private Realschule untergebracht, und er befindet sich auf privatem Gelände, wenn man aber zu Informationszwecken die Realschule besucht, kann man auch einen Blick auf den Gutshof werfen. Es ist auf jeden Fall empfehlenswert, der unmittelbaren Umgebung des Friedhofs einen Spaziergang zu widmen:

Folgt man der Warnbergstraße nach Westen, kommt man zunächst an einem kleinen, mit Seerosen bedeckten Weiher vorbei, ein Biotop, das Amphibien einen Lebensraum und Fotografen ein entzückendes Motiv bietet. Weiter nach Westen auf einem Feldweg spazierend, taucht man in eine offene, landwirtschaftlich genutzte Landschaft ein, mit im Sommer am Wegrand blühenden Sonnenblumen. Nach Süden hin kann man Pferde auf der Weide beobachten – ein wahres Idyll! Nach etwa einem halben Kilometer erreicht man den Forstenrieder Park und kann sich entscheiden, ob man den Spaziergang ausweitet oder über Feldwege zum Friedhof zurückkehrt.

Die Landschaft um den Waldfriedhof Solln ist einen Spaziergang oder eine Radtour wert.

Auf einen Blick

WALDFRIEDHOF SOLLN

Warnbergstr. 2, 81479 München,
Tel. 089/23 19 93 43
Fertigstellungsjahr: 1937
3100 Grabstätten
Gesamtfläche: 7,29 ha

ANFAHRT

ÖPNV: S7 Richtung Wolfratshausen bis Haltestelle Pullach, dann zu Fuß die Münchner Straße zurück (1,4 km) bis zur Warnbergstraße
Auto: Nach Solln und die Wolfratshauser Straße in Richtung Süden; bei der letzten Ampel im Ort biegt man rechts in die Wilhelm-Leibl-Straße und gleich wieder links in die Warnbergstraße.

WEITERE PROMINENTE

Carl Johann Becker-Gundahl (1856–1925), Maler, Mitglied der Münchner Sezession [41-3-30]
Hans Cossy (1911–1972), Schauspieler, zeitweise Ehemann von Vera Brühne [13-1-102]
Gebhard Fugel (1863–1939), Maler [6-W-22]
Wilhelm Ritter von Leeb (1876–1956), Generalfeldmarschall im Zweiten Weltkrieg [17-W-2]
Dietrich von Saucken (1892–1980), General im Zweiten Weltkrieg [17-1-125]

EINKEHR

Trattoria Teatro Solln im Iberl (Wilhelm-Leibl-Str. 22, Tel. 089/41 11 43 60, teatro-solln.de)

Die Mauerkrone der Trauernden symbolisiert die Teilhabe am himmlischen Wesen.

Im Westen erlebt der Besucher den kleinsten und den größten Friedhof der Stadt. Letzterer ein Modell für ganz Europa mit seinem naturbelassenen Wald und dem Prunk seiner Prominentengräber. Seine Soldatenfriedhöfe mahnen gegen den Krieg. Lichtüberflutete Rasenflächen und ein umfangreicher Baumbestand charakterisieren den Westfriedhof (ab S. 116).

Im Westen Münchens

14

Westfriedhof

EREMITEN, MALERFÜRSTEN UND PRINZESSINNEN

Der 1902 nach Plänen des Stadtbaurats Hans Grässel fertiggestellte Westfriedhof umfasst auf einem Gelände von 50 Hektar etwa 42 000 Grabplätze.

Der dritte der großen Friedhöfe, die Grässel im Rahmen seines neuen Friedhofskonzepts eröffnete, war 1902 der Westfriedhof. Weil Moosach vor 1913 noch nicht zu München gehörte, wurde der Friedhof eigens nach München eingemeindet. Wahrzeichen des Westfriedhofs sind der große **Glockenturm** und der Kuppelbau der **Aussegnungshalle**. Wie auch bei den Trauerhallen des Ost- und des Nordfriedhofs orientierte sich Grässel bei der Gestaltung der Aussegnungshalle an frühchristlichen Basiliken. Als konkretes Vorbild gilt das Mausoleum Santa Constanza in Rom, das Kaiser Konstantin für seine Töchter Constantina und Helena errichten ließ. Besonders beeindruckend sind die prächtige Stuckarbeit an der Kuppeldecke der Trauerhalle und die Krypta, die sich unter dieser befindet. Wie bei Nord- und Waldfriedhof standen ursprünglich auch vor der Aussegnungshalle des Westfriedhofs zwei Sphingen. Diese befinden sich derzeit in Oberhaching, doch die Stadt will die beiden Symbole der Ewigkeit zurück an den Westfriedhof holen.

An einer Ecke des terrassenförmig abfallenden Forums am Haupteingang befindet sich eine interessante steinerne **Ölberggruppe** und nördlich des Forums ein großes Gartenparterre, dessen Zentrum von einer überlebensgroßen **Kreuzigungsgruppe** des Bildhauers Thomas Buscher beherrscht wird. Rundherum stehen zahlreiche sehenswerte Grabdenkmäler.

Zwar lassen die Aussegnungshalle und die vorgelagerte lichtüberflutete und von Blumen eingefasste Rasenfläche an sonnigen Tagen an Italien denken,

▲ Prachtvolle Gräber an der Friedhofsmauer
▼ Die Aussegnungshalle des Westfriedhofs (Nordseite)

◂ Das prachtvolle Mausoleum von Franz von Lenbach
▸ Das Grab von Timofej Wassiljewitsch Prochorow (»Väterchen Timofej«)
▾ Die wunderbare Siedlung Borstei, hier im »Garten der Ruhe«

aber die Architektur und das Licht sind das einzig »Italienische« an diesem Friedhof. Die »ordentlich« angelegten Gräber mit ihrer fast einheitlichen Grabgestaltung, der umfangreiche Baumbestand und die landschaftlich gestaltete Gesamtanlage sprechen eine ganz andere Sprache.

Obwohl die Prominentendichte des Westfriedhofs relativ bescheiden ist, sollte man ein paar besonders interessante Ziele (Lageplan in der Hand) unbedingt anpeilen.

- Die Grabstätte von **Bernhard Borst** (1883–1963) liegt direkt am Gartenparterre. Borst war ein deutscher Architekt und Bauunternehmer, der u. a. wegen seiner revolutionären Wohnanlage, der Borstei, bekannt ist. [2-2-2]
- **Ernst Röhm** (1887–1934) war langjähriger Führer der Sturmabteilung (SA). Röhm, der 1931/32 im Mittelpunkt einer Pressekampagne stand, die auf seine Homosexualität abzielte, wollte die SA-Kampforganisation der Kontrolle der Partei entziehen. Unter dem Vorwand, einem von Röhm angezettelten Putsch zuvorgekommen zu sein, ließ ihn Hitler ermorden. [5-3-1]

Von der Röhm'schen Grabstätte geht man nach Süden bis zur Mauer, die auf dem Lageplan als »Mauer links« bezeichnet wird. Entlang dieser Mauer finden sich die schönsten Grabanlagen des Friedhofs: Großdenkmäler und Plastiken in allen Stil- und Formvarianten.

- Besonders imposant ist das Mausoleum des Malerfürsten **Franz von Lenbach** (1836–1904). Malerfürsten nannte man die erfolgreichsten Salonmaler der Gründerzeit, die in den 1870er- und 1880er-Jahren den bürgerlichen Geschmack bestimmten. August von Kaulbach, Franz von Lenbach und Franz von Stuck galten als solche und konkurrierten untereinander durch aufwändige Selbstinszenierung. Das von der Stadt bereitgestellte Ehrengrab Lenbachs wurde ab 2018 fast vier Jahre lang saniert – Gesamtkosten: 75 500 Euro. [Grab 81 / Mauer links]

Am Ende der Mauer angekommen, geht man zunächst die Hauptallee entlang nach Norden. Über das Lärchenhain genannte Areal hangelt man sich dann durch bis zum Gräberfeld 143.

- Persien? War das nicht ein antikes Reich in Vorderasien? Der Schah von Persien? War dieser nicht der Herrscher des Landes, das heute Iran genannt wird? Hatte er nicht eine hübsche Frau, Farah Diba, an seiner Seite? Wer war dann diese Prinzessin **Soraya Esfandiary-Bakhtiary** (1932–2001), die hier auf dem Münchner Westfriedhof liegt? Sieben Jahre lang, von 1951 bis 1958, war Soraya die Kaiserin von Persien. Die Regenbogenpresse nannte sie die »Deutsche auf dem Pfauenthron«, weil ihre Mutter eine Berlinerin war. Dann verstieß Schah Mohammed Pahlewi sie, weil sie ihm keine Kinder schenken konnte. Das Schicksal der Ex-Kaiserin rührte damals Millionen von Menschen. Die »Märchenprinzessin«, wie die Boulevardpresse sie nannte, lebte auch kurzzeitig in München. Immer wieder kam sie in diese Stadt zurück, und hier fand sie schließlich auch ihre letzte Ruhe. [143-A-17]

- »Wir hatten eine wunderbare Zeit miteinander, er ließ mich, wie ich war.« – »Es war ein schöner Abschied. Ihr Lächeln wurde immer stärker.« – »Meine Mutter verlor ich im Krieg. Ich war 7 Jahre alt«. Solche Äußerungen von trauernden Menschen sind in einem großen **Steinkreis** in der Mitte eines Urnenfelds eingraviert. Es sind Antworten auf die Fragen »Wie erlebe ich den Abschied?« und »Was gibt mir Trost?«, die ihnen die Künstlerin Karolin Bräg stellte. [Gräberfeld 167a]
- Etwas weiter südlich liegt das **Ehrenmal der Bayerischen Polizei** für die 63 bayerischen Polizeibeamten, die seit Ende des Zweiten Weltkriegs in Ausübung ihres Dienstes getötet wurden. [Gräberfeld 195]
- In unmittelbarer Nähe liegt das Grab von **Timofej Wassiljewitsch Prochorow** (1894–2004), von den Münchnern liebevoll »Väterchen Timofej« genannt, der 1952 mit seiner Frau von Russland nach München gekommen war und am Oberwiesenfeld aus dem Kriegsschutt ein kleines Haus und eine kleine Kirche gebaut hatte. Ende der 1960er-Jahre wollte die Stadt München ihn ausquartieren, denn das Areal war für die Stätte der Olympischen Spiele 1972 vorgesehen. Doch die Münchner machten nicht mit: Es hagelte Proteste! Wegen dieses öffentlichen Drucks wurde schließlich das Olympiagelände nach Norden versetzt, und die Stadt ließ die Schwarzbauten stehen. [Gräberfeld 195]

In der nordöstlichen Ecke des Westfriedhofs gibt es – einzigartig in München – mit den **Mosaikgärten** eine gemeinschaftliche Urnengrabanlage. Namensgeber sind zwei lange, mit blauen Mosaiken geschmückte Mauern. Drumherum gibt es Stelen, Rasenflächen, Hecken und Blumenbeete.

Auf einen Blick

WESTFRIEDHOF

Baldurstr. 28, 80637 München,
Tel. 089/143 34 60 30
Fertigstellungsjahr: 1902
Ca. 42 000 Grabstätten
Gesamtfläche: 50 ha

ANFAHRT

ÖPNV: U1 Richtung Olympia-Einkaufszentrum bis Haltestelle Westfriedhof oder Tram 20 bis Haltestelle Hanauer Straße
Auto: Auf der Dachauer Straße stadtauswärts bis Baldurstraße

WEITERE PROMINENTE

Maxl Graf (1933-1966), Schauspieler [200-A-14a/b]
Hugo Hartung (1902-1972), Schriftsteller [50-9-62]
Robert Lembke (1913-1989), Journalist/Quizmaster [26-11-11]
Rudolf Maison (1854-1904), Bildhauer [M-li-50]
Doris Nefedov (1942-1969), Sängerin [101-A-81]

BORSTEI

Die Baldurstraße in Richtung Osten führt zur zwischen 1924 und 1929 erbauten Wohnsiedlung Borstei – ein Ruhepol mitten in der Großstadt, denn in der Borstei ist die Natur großzügig eingebunden: ein Teich, mehrere Brunnen und sehr viel Grün. Ein absolutes Muss, wenn man in der Gegend ist! Einen Foto-Spaziergang zur Borstei finden Sie unter muenchner-spaziergaenge.info/blog-borstei.html.

Statuen von Trauernden sind typisch für das ausgehende 20. Jahrhundert.

Westfriedhof: Stele im Mosaikgarten (Urnenbestattung)

Auch interessant

Jüdische Bestattungskultur

Im Judentum ist der Erhalt des Lebens von höchstem Wert. Der Sterbende darf nicht berührt werden, denn das könnte den Eintritt des Todes beeinflussen.

Sein Sterben darf weder verzögert noch beschleunigt werden. Aktive Sterbehilfe und assistierter Suizid sind deshalb grundsätzlich verboten. Außerdem darf dem Sterbenden die Wahrheit über seine Lebenslage nicht verschwiegen werden, falls er danach fragt.

Sobald eine Person verstorben ist, wird deren Leichnam auf den Boden gelegt, man schließt ihm die Augen und führt eine Reihe von Ritualen durch: Es wird eine Kerze angezündet und eine **Totenwache** gehalten, denn der Tote darf nicht allein gelassen werden. Besonders in früheren Zeiten hatte die Totenwache einen Sinn, denn man musste Tiere vom Verstorbenen fernhalten und im Falle eines Scheintods sofort reagieren können. Während der Totenwache sind Familien- und Gemeindemitglieder bzw. Mitarbeiter eines Bestattungsinstituts stets an der Seite des Verstorbenen und lesen Psalmen oder Texte aus der Thora.

Im Judentum sind Bestattungen nicht nur Sache der Familie. Man setzt sich mit der **Chewra Kaddischa**, der »Heiligen Bruderschaft«, in Verbindung, die sich um die rituelle Bestattung der Verstorbenen kümmert. Diese hat die Aufgabe, den Verstorbenen zu waschen, ihm die Totenkleidung (weißes Baumwoll- oder Leinengewand) anzulegen und sich um dessen Familie und um die Bestattung zu kümmern.

Weil nach jüdischem Glauben die Seele erst nach der Beisetzung den Körper verlassen kann, soll diese möglichst schnell erfolgen, am besten noch am selben Tag. In Deutschland darf der Verstorbene aber frühestens 48 Stunden nach dem Tod bestattet werden. Damit soll u. a. die Möglichkeit eines Scheintods ausgeschlossen werden. Einige Länder erlauben mittlerweile eine frühere Bestattung, wenn eine Leichenschau durchgeführt wurde.

Tahara ist die rituelle Waschung des Verstorbenen, mittels welcher der Leichnam gesäubert und gepflegt wird. Dies wird ebenfalls von der Chewra Kadischa vorgenommen und im Taharahaus am jüdischen Friedhof durchgeführt. Nach der Reinigung wird der Verstorbene in weiße Kleidung gehüllt (**Tachrichim**), die Reinheit und Heiligkeit symbolisiert. Männer werden oft zusätzlich in ihren **Tallit**, den Gebetsschal, gehüllt.

Die Bestattungszeremonie beginnt mit einer Trauerfeier in einem Abschiedsraum auf dem Friedhof. Ein traditioneller Brauch, der heutzutage aber nur mit vorheriger Zustimmung der Trauernden ausgeführt wird, ist die **Kria**: Hierbei reißen sich die nahen Verwandten des Verstorbenen ein Kleidungsstück ein als Symbol für den Riss in ihrer Seele, der durch den Verlust verursacht wurde. Vor der Kria darf man seine Kleidung wechseln, um nicht teure oder schöne Kleider zu beschädigen.

Danach findet die **Erdbestattung** statt. Nach der **Halacha**, dem jüdischen Religionsgesetz, ist nur diese erlaubt und eine Feuerbestattung streng untersagt – wegen der in der Bibel begründeten Vorstellung, dass die Toten am Tag des Jüngsten Gerichts auferstehen, muss der Leichnam unversehrt und vollständig bestattet werden (so müssen alle Körperteile, die beispielsweise durch einen Unfall vom Körper abgetrennt wurden, mitbeerdigt werden). Im liberalen Judentum sind Feuerbestattungen aber heutzutage durchaus zu finden.

Das Judentum kennt keine Aufbahrung oder Einbalsamierung eines Toten. Eine Aufbahrung am offenen Sarg gilt als respektlos gegenüber dem Verstorbenen. Im Judentum gilt das **Gebot der schlichten Bestattung**. Das bedeutet, dass zwischen Armen und Reichen kein Unterschied gemacht werden soll. Ursprünglich war bei jüdischen Bestattungen allein ein Leichentuch üblich, das die Gleichheit aller Menschen im Tod symbolisierte und zugleich sicherstellte, dass der Verstorbene rasch zu »Staub« wurde. Diese Sitte stand aber lange im Konflikt mit deutschen Gesetzen, weil in Deutschland eine Sargpflicht galt – inzwischen wurde diese in einigen Bundesländern zwar aufgehoben (in Bayern im April 2021), aber jüdische Gemeinden in Deutschland halten als Tradition weiter an der Bestattung in einem schlichten Sarg aus weichem Holz fest. So werden in Deutschland die Verstorbenen mit einem **weißen Sterbehemd in einem einfachen Holzsarg** bestattet.

Die Grabgestaltung ist auf jüdischen Friedhöfen einfach. Gräber werden nicht mit Blumen geschmückt und Grabsteine schlicht gestaltet. Diese werden erst nach Ablauf eines Jahres aufgestellt. Statt Blumen legt man kleine **Steinchen als »stillen Gruß«** auf die Gräber. Der Ursprung dieses Brauchs beruht vermutlich darauf, dass früher schwere Steine auf den Gräbern die Toten vor wilden Tieren schützten.

Männliche Besucher – auch nichtjüdischen Glaubens – müssen im Übrigen eine **Kopfbedeckung** tragen, wenn sie einen jüdischen Friedhof besuchen.

Gräberfeld der Liberalen Jüdischen Gemeinde Beth Shalom im Waldfriedhof

15

Waldfriedhof (Alter Teil)

WUNDERWELT IN EINEM GEPFLEGTEN URWALD

Der Waldfriedhof ist einer der vier großen Friedhöfe, die von 1899 bis 1907 nach Plänen von Stadtbaurat Hans Grässel errichtet wurden. Er wurde zum zukunftsweisenden Modell für ganz Europa.

Als vierten der großen, nach dem neuen Konzept geplanten Friedhöfe entwickelte Stadtbaurat *Hans Grässel* im früheren Forst von Schloss Fürstenried den »**Friedhof im Wald**«. 1905 begannen die Arbeiten, und 1907 war der alte Teil des Waldfriedhofs mit 35 000 Grabstätten fertiggestellt.

Der Waldfriedhof ist der erste Friedhof seiner Art in Deutschland und der größte Friedhof Münchens. Grässel wollte bei seiner Erschaffung auf die üblichen streng geometrischen Formen verzichten, denn die Anlage sollte einen Waldcharakter erhalten. Daher wurden die Gräberfelder in Hainen und Lichtungen eingebettet, und es gibt oft keine deutlich sichtbare Grenze zwischen ihnen. Die Wege ähneln Waldpfaden, die, streckenweise fast planlos scheinend, zwischen den Bäumen verlaufen und sich zwischen diesen verlieren. An manchen Ecken ist der Wald zugewachsen wie ein Urwald, und abseits der gepflegten Hauptwege kann man sich leicht verlaufen. Dafür taucht man ein in eine wunderbare Welt voll skurriler Plastiken, wahrer Kunstwerke und imposanter Gräber.

Bei einem etwa 60 Kilometer langen Wegenetz würde die Zusammenstellung eines Besichtigungswegs den Rahmen dieses Kapitels sprengen. Zu bemerken wäre immerhin, dass die beeindruckendsten Gräber im östlichen Teil des Friedhofs (zwischen Aussegnungshalle, Fürstenrieder- und Würm-

Grabstätte von Franz von Stuck

◀ Grabkreuz der Congregatio Mariana Sacerdotalis
▶ Grabmal des Schriftstellers Frank Wedekind
▼ Das von Ludwig Valentin Angerer gestaltete Grab von Michael Ende

talstraße) zu finden sind. Am Haupttor an der Fürstenrieder Straße thronen zwei weibliche Sphingen – Symbole von Ewigkeit und Unsterblichkeit. Die **Aussegnungshalle** liegt gleich dahinter – von außen betrachtet, erinnert sie an eine Waldkapelle.

- Geht man den Weg von der Halle nach Westen, steht man nach etwa 200 Metern vor dem beeindruckenden Mausoleum des Zirkusdirektors **Carl Krone** (1870–1943). Im Inneren befindet sich eine Skulptur aus weißem Marmor von Krones Lieblingselefanten Assam. Die Tier-Dressur war Krones Leidenschaft – 1893 gelang ihm mit der Vorführung eines auf einem Pferd reitenden Löwen eine Sensation. [Gräberfeld 13]
- Immer an der Mauer entlangspazierend, kommt man zum Grab einer der bedeutendsten Künstlerpersönlichkeiten, die es um die Jahrhundertwende in München gab: **Frank** (eigentlich Benjamin Franklin) **Wedekind** (1864–1918). Der Dramatiker und Satiriker war ein Protagonist der Schwabinger Bohème und galt als Bürgerschreck, weil er mit seinen gesellschaftskritischen und antibürgerlichen Stücken das Theater revolutionierte. Als politischer Autor des Simplicissimus musste Wedekind wegen »Majestätsbeleidigung« sogar einmal ins Gefängnis. Einige seiner Werke standen lange unter Zensur. Als 22-Jähriger hatte er sich auch als Werbetexter für den Schweizer Fabrikanten Julius Maggi probiert:

  »Vater, mein Vater! Ich werde nicht Soldat,
  dieweil man bei der Infanterie nicht Maggi-Suppen hat.«

  Sein Grab besteht aus einer hohen Säule, auf der ein Pegasus aus Bronze auf einer vergoldeten Kugel tanzt. [17-W-88]
- Nicht weniger beeindruckend ist das Grab des Dichterfürsten **Paul Heyse** (1830–1914). Es besteht aus einem drei Meter hohen Halbkreis von miteinander verbundenen Säulen. Neben zahlreichen Gedichten schuf der Schriftsteller, Dramatiker und Übersetzer Heyse rund 180 Novellen, acht Romane und 68 Dramen. [43-W-27a/b]
- Das Grab von **Stepan Andrijowytsch Bandera** (1909–1959) wurde im Juli 2022 von Unbekannten beschmiert. Der in Galizien geborene ukrainische Politiker agierte während des Zweiten Weltkriegs als antisowjetischer Partisan und kollaborierte mit der Deutschen Wehrmacht. Nach dem Zweiten Weltkrieg floh er nach Deutschland. 1959 wurde er in München von einem KGB-Agenten ermordet. Vor allem im Westen der Ukraine wird Bandera als

Nationalheld verehrt. In Polen, Russland und Israel gilt er überwiegend als NS-Kollaborateur und Kriegsverbrecher. [043-W-10]

● *»Bei Tisch hatte ich dann laut das Tischgebet zu beten. Als ich einmal beim Vaterunser statt auf das Kruzifix zum Fenster hinaussah, schlug mich die Mutter ins Gesicht, daß mir das Blut zu Mund und Nase herauslief; auch bekam ich nichts zu essen und mußte während der Mahlzeit am Boden knien. Nach Tisch hatte ich das Geschirr zu spülen, die Kindswäsche zu waschen und den Buben einzuschläfern. Ganz abgehetzt kam ich dann des Nachmittags in die Schule und konnte während der Handarbeitsstunden nur mühsam den Schlaf bekämpfen.«*

Dieser Auszug stammt aus dem autobiografischen Roman »Erinnerungen einer Überflüssigen« von **Lena Christ** (1881–1920), einer Schriftstellerin, deren Werke heute zu den bayerischen Klassikern zählen. Lena wuchs in einer von harter Arbeit geprägten grundkatholischen Bauernwelt auf. Durch ihre Mutter erlitt sie kontinuierliche seelische und körperliche Misshandlungen. Ihre erste Ehe endete tragisch, es kam zum sozialen Abstieg. Ihr zweiter Mann ermuntert sie zum Schreiben. Ihr Roman »Die Rumplhanni« wurde 1916 von der Kritik bejubelt, trotzdem folgen weitere Rückschläge. Am 30. Juni 1920 beging Lena Christ auf einem Grab im Waldfriedhof Selbstmord. [44-3-14]

● Das Grab des deutschen Malers und Bildhauers des Jugendstils und des Symbolismus **Franz von Stuck** (1863–1928) besticht durch die Schlichtheit des von *Bernhard Bleeker* geschaffenen Grabreliefs. Die neoklassizistische Villa Stuck (heute Museum) in der Prinzregentenstraße ist eine der Top-Sehenswürdigkeiten Münchens. [95-W-16]

● Eine der originellsten und meist besuchten Grabstätten ist jene des Schriftstellers **Michael Ende** (1929–1995). Wer kennt nicht seine »Unendliche Geschichte«? Die Gestaltung des Grabes ist von *Ludwig Valentin Angerer*. Aus einem aufgeschlagenen Bronzebuch kommen reliefartige Figuren aus dem Werk Michael Endes heraus. Unter dem großen Buch liegt ein kleines, und über beide krabbelt eine Schildkröte, auf deren Panzer Worte aus »Momo« eingraviert sind: »Habe keine Angst.« [212-W-3]

Man findet im Waldfriedhof alles, was Grabkunst und Natur zustande bringen können: kleine und große Gräber, monumentale Ruhestätten, verwitterte Steinsarkophage, moosbedeckte Grabsteine, kunstvoll geschmiedete Kreuze. Das spannende Spiel von Licht und Schatten zwischen den Bäumen lässt oft vergessen, dass man sich eigentlich in einem Friedhof befindet.

Auf einen Blick

WALDFRIEDHOF (ALTER TEIL)

Fürstenrieder Str. 288, 81377 München,
Tel. 089/23 19 93 43
Fertigstellungsjahr: 1907
Der Alte Teil umfasst ca. 36 000 Grabstätten.
Insgesamt hat der Waldfriedhof eine Fläche von 161,3 ha und 64 500 Grabstätten.

ANFAHRT

ÖPNV: Vom Karlsplatz mit der U5 zum Laimer Platz, von dort mit dem Bus 51 Richtung Aidenbachstraße bis Haltestelle Waldfriedhof-Haupteingang
Auto: Über Werdenfels-, Waxenstein- und Pählstraße zum Besucherparkplatz

WEITERE PROMINENTE

Alfons Goppel (1905–1991), ehemaliger Bayerischer Ministerpräsident [38-W-46a/b]
Hildegard Hamm-Brücher (1921–2016), Politikerin [88-W-42]
Carl von Linde (1842–1934), Gründer der Linde AG [139-W-9]
Werner Heisenberg (1901–1976), Physiker (Nobelpreis 1932) [163-W-29]

EINKEHR

Pizzeria-Restaurant Locanda Busento (Fürstenrieder Str. 277,
Tel. 089/78 57 60 70,
locanda-busento.de)

WESTPARK

Empfehlenswert ist ein Abstecher zum Westpark: Mit dem Auto fährt man die Fürstenrieder Straße ca. 1,8 km nach Norden, dann rechts ab in die Getty-Spieß-Straße, dann wieder rechts in die Westendstraße bis zum Parkplatz.

Buddha-Statue im thailändischen Tempel im Westpark

16

Waldfriedhof (Neuer Teil)

ORT DER ERINNERUNG UND DES GEDENKENS

Von 1963 bis 1966 erweiterte der Gartenarchitekt Professor Ludwig Roemer (1911–1974) unter Beibehaltung des Wald- und Parkcharakters des alten Teils den Waldfriedhof um einen neuen Teil.

Hier wurde Platz für 28 350 neue Gräber und zusätzlich 20 000 anonyme Grabstätten geschaffen. Im neuen Teil des Waldfriedhofs kommt man – auch als Besucher, der hier um niemanden trauert – um den Gedanken des Todes und des Verschwindens nicht herum. Es ist das, was ein Friedhof in der Hauptsache ist, ein Ort der Trauer und des Gedenkens. Nirgendwo ist der Tod präsenter!

• An einer Stelle erinnert ein Gedenkstein an die 100 000 Menschen, die nach der Übergabe Königsbergs an die Rote Armee getötet wurden; nicht weit davon befindet sich der 1922 eingeweihte und seit 1960 in der jetzigen Form bestehende Italienische Militärfriedhof mit Gräbern von 3249 Italienern, und auf einer vom Waldfriedhof getrennten Lichtung liegt die **Kriegsgräberstätte am Waldfriedhof**, eine der größten in Deutschland.

Durch das Tor am Lorettoplatz gelangt man in einen – anders könnte man ihn kaum nennen – gepflegten Landschaftspark mit einem rechts und links des breiten Kieswegs dichten Bewuchs aus Rotbuchen, Haselnusssträuchern, Hainbuchen und Fichten. Von Gräbern zunächst keine Spur. Nach etwa 400 Metern erreicht man die 1966 nach den Entwürfen der städtischen Architekten *Eduard Delisle* und *Erich Wirth* gebaute **Aussegnungshalle**. Aber auch hier ist der Bezug zur »Trauer« noch nicht offensichtlich: Der wuchtige

Auf dieser Wiese wurden seit 1973 rund 20 000 Urnen anonym beigesetzt.

▲ Der kleine See neben der Trauerhalle des Neuen Teils des Waldfriedhofs
▼ Das bunt geschmückte Grab eines verstorbenen Kindes

Bau mit seinem Kranz von Säulen quadratischen Querschnitts könnte ebenso gut als ein Museum Moderner Kunst gelten.

Ähnlich wie beim (später) erbauten Neuen Südfriedhof erkennt man das Konzept des Landschaftsarchitekten: ein Nebeneinander von Friedhofsbereichen und Landschaft zu schaffen, wobei Letztere durch parkähnliche Anlagen mit großen Baum- und Grünflächenbeständen zu einem geschätzten Ort für die Naherholung vorgesehen war. Ein Wandel vom Friedhof zum Park – quasi eine Entweihung, die Generationen brauchte, um von der Bevölkerung verstanden und akzeptiert zu werden. Angesichts fortschreitender Säkularisierung wird der Friedhof Totenraum und Lebensraum zugleich. Von der Aussegnungshalle hat man einen schönen Ausblick über einen **kleinen See** und die ihn umgebenden Biotopflächen. Es lohnt sich, hier eine Zeit lang zu verweilen.

• Wenn man den Weg am See etwa 100 Meter in Richtung Westen geht, kommt man direkt zu dem am 9. April 1998 eingeweihten **Gedenkstein Königsberg** [am Gräberfeld 483]. Dieses Mahnmal erinnert an die nach Ende des Zweiten Weltkriegs umgekommenen Königsberger Bürger. Bei der Kapitulation von Königsberg am 9. April 1945 waren noch über 130 000 Zivilisten in der Stadt, und unter der nachfolgenden russischen Zwangsherrschaft kamen bis 1948 über 100 000 Einwohner unter teils grauenhaften Umständen ums Leben.

• Nur wenige Schritte entfernt liegt das Gräberfeld 601, welches durch eine Reihe von winzigen, mit viel liebevoller Fantasie gestalteten Gräbern die Blicke auf sich zieht: Bunte Windspiele drehen sich im Wind, Spielzeugautos, bemalte Kieselsteine und Lego-Bausteine setzen Akzente. Bevor man überhaupt dazu kommt, den Verstand einzuschalten, suggeriert einem das Gemüt Begriffe wie »entzückend«, »fantasievoll« und »niedlich«. Ein positiver Eindruck, der aber in Sekundenschnelle einem Gefühl des Entsetzens und der tiefen Trauer weicht. Es ist die **Grabanlage für Kinder und Föten**. Den Angehörigen werden große Kiesel zur Verfügung gestellt, die, bemalt oder mit dem Namen des Kindes versehen, am Bestattungsplatz abgelegt werden können. Ein Name und die Geburts- und Sterbedaten 01.11.2020–21.05.2021 sind auf einem der kleinen Gräber zu lesen. Anderswo wurde ein Stein mit den Daten 19.11.2017–21.11.2017 bemalt, neben dem Stein liegen ein kleines Spielzeugauto und ein Hase aus Ton. Auf einem anderen kleinen Grab ist auf einem blaubemalten Stein zu lesen: »Eines Tages klettere ich in den Himmel und hol dich zurück.«

Zurück am See folgt man von dort demselben Weg in Richtung Osten. Nach etwa 400 Metern kommt man zum **anonymen Gräberfeld** des Waldfriedhofs [Gräberfeld 421]. Hier werden Urnen außerhalb der Friedhofsöffnungszeiten anonym und ohne die Anwesenheit von Angehörigen beigesetzt. Da die Grabstelle nicht gekennzeichnet wird, erfahren weder der Bestatter noch die Angehörigen, wo der Verstorbene beerdigt wurde. Gepflegt wird das Gräberfeld von der Friedhofsverwaltung.

Der Waldfriedhof beherbergt eines der ältesten islamischen Gräberfelder Deutschlands. 1955 geschaffen, liegt es genau an der Grenze zwischen dem Alten und Neuen Teil des Waldfriedhofs im Feld 271.

Auch hier gäbe es »Geschichten« zu erzählen, beispielsweise die des im Nordkaukasus geborenen **Ibrahim Gacaoglu** (1903–1989), der sich während des Zweiten Weltkriegs der Wehrmacht angeschlossen hatte und nur durch Zufall der *Lienzer Kosakentragödie* entkam: Im Frühjahr 1945 wurden Kosakenverbände, die nach ihrer Kapitulation vor der britischen Armee bei Lienz in Osttirol lagerten, von den Briten in die Sowjetunion zwangsrepatriiert, und eine unbestimmte Anzahl von Kosaken und deren Familienmitglieder starben durch Suizid und Gewaltanwendung durch britische Soldaten oder endeten in den Gulags der Sowjetunion.

Wenn man den Weg entlang der Mauer in Richtung Westen geht, kommt man an einem großen Gräberfeld vorbei, dem **Cimitero Militare Italiano** (Italienischer Militärfriedhof). Er wurde bereits 1922 für 1790 in Kriegsgefangenschaft verstorbene italienische Soldaten angelegt. Dazu kamen später die Überreste von 1459 italienischen Gefangenen des Zweiten Weltkriegs, die an mehr als 300 Orten in Bayern und Baden-Württemberg exhumiert worden waren. Ein Hochkreuz und ein Fahnenmast lenken die Aufmerksamkeit bereits aus der Ferne auf den Ort. In der Mitte des Feldes steht ein Obelisk, der nach dem Ersten Weltkrieg errichtet wurde. Tommaso Frato, Luigi Fontana, Nello Commissari, Remo Ponziani, Angelo Perego, Giuseppe Arabia, Giordano Antonini, Arnoldo Pastorini, Tommaso Cavoggia, Terenzio Baldovin, Francesco Miconi, Antonio Borelli ... Die Gräber sind durch Steine mit dem Namen der Gefallenen oder dem Wort »Unbekannt« gekennzeichnet. Durch ihre Anzahl wirken sie erst nur wie abstrakte geometrische Muster in der Landschaft – fängt man dann an, auf den einzelnen Grabsteinen die Namen der Gefallenen und die Sterbedaten zu lesen, wird deren Anonymität in Ansätzen gelüftet.

▲ Der Italienische Militärfriedhof
▼ Steine mit dem Namen der Gefallenen kennzeichnen die Gräber.

Im Neuen Teil des Waldfriedhofs ist die Anzahl von Prominentengräbern überschaubar.

- Erwähnenswert ist das Grab von **Leni Riefenstahl**. Helene Bertha Amalie Riefenstahl (1902–2003) war eine deutsche Regisseurin, Schauspielerin, Filmproduzentin, Tänzerin und Fotografin, die vor allem als Autorin von Filmen und Dokumentationen berühmt wurde, die das NS-Regime verherrlichten. Aber die außergewöhnliche Ästhetik und Technik ihrer Filme fand auch international große Anerkennung. Ihre Faszination für den menschlichen Körper war ihr Markenzeichen. Am deutlichsten sieht man das in ihrem Olympia-Film (1938). In den Nachkriegsjahren findet man diese Faszination wieder in ihrer Fotoserie über den Nuba-Stamm im Sudan. [509-W-4 a/b]
- Geht man den Weg – inzwischen in Richtung Norden – weiter, sollte man die von *Ludwig Römer* und dem Architekten *Helmut Schöner-Fedrigotti* entworfene Kriegsgräberstätte besuchen. Diese befindet sich außerhalb des Friedhofsareals auf der gegenüberliegenden Seite der Tischlerstraße. Die 1965 eröffnete **Kriegsgräberstätte am Waldfriedhof** ist einer der größten Soldatenfriedhöfe Deutschlands: Begraben sind hier ca. 3600 Soldaten aus 19 Nationen. Besonders interessant ist die Gedenkhalle, die aus einem 13 Meter hohen Dreieck aus Beton besteht, das seitlich mit einem Fenster aus knapp 2000 Glasprismen abgeschlossen ist, die ganz besondere Lichteffekte in der Halle erzeugen.

Zurück zum Ausgang kommt man, indem man dem Weg weiter in Richtung Norden folgt. Eine weite Rechtskurve führt nach etwa 800 Metern zum Ziel.

Gedenkhalle und Gräberfeld der Kriegsgräberstätte am Waldfriedhof

Auf einen Blick

WALDFRIEDHOF (NEUER TEIL)

Lorettoplatz 3, 81377 München,
Tel. 089/23 19 93 50
Fertigstellung: 1963–1966
Der Neue Teil umfasst ca. 28 000 Grabstätten.
Insgesamt hat der Waldfriedhof eine Fläche von 161,3 Hektar und 64 500 Grabstätten.

ANFAHRT

ÖPNV: Den Neuen Teil des Waldfriedhofs erreicht man am besten mit dem Bus 54 vom Harras bis Bushaltestelle Lorettoplatz, dann zu Fuß über die Waldsaumstraße nach Westen (ca. 12 Min.).
Auto: Über Sendlinger Tor, Lindwurmstraße, Plinganserstraße, Harras, Albert-Roßhaupter-, Waldfriedhof-, Würmtal- und Kriegerheimstraße. Am Lorettoplatz befindet sich ein Parkplatz.

WEITERE PROMINENTE/ GRÄBERFELDER

Werner Finck (1902–1978), Schriftsteller und Kabarettist [485-UW-8]
Elisabeth Volkmann (1936–2006), Schauspielerin [421/anonymes Grab]
Beth-Shalom-Gräberfeld, der neue Friedhof der Liberalen Jüdischen Gemeinde im Neuen Teil des Waldfriedhofs [Gräberfeld 477b]

EINKEHR

Design Café Schneider (Lorettoplatz 7, Tel. 089/70 95 66 55, l-schneider-ag.de/htdocs/cafe.php); Biergarten & Eventlocation Waldheim (Waldheim 1, Tel. 089/71 60 65, waldheim.de)

Bildstock in der Nähe des Sees im Neuen Teil des Waldfriedhofs

17

Friedhof Neuhausen

EIN KIRCHHOF VOLL ELEGANTER UNAUFDRINGLICHKEIT

Mit 142 Grabstätten ist der Friedhof Neuhausen von der Gräberanzahl der kleinste Münchner Friedhof. Das Gelände umfasst eine Fläche von 0,26 Hektar.

Die Friedhofsanlage, die bereits 1315 erstmals urkundlich erwähnt wurde, erstreckt sich um eine kleine Kirche, die nach dem seligen Winthir benannt ist. Dieser war vermutlich ein englischer Wanderprediger, der im 8. oder 12. Jahrhundert die oberbayerische Region östlich der Würm und westlich der Isar christianisierte und im 18. Jahrhundert seliggesprochen wurde. Es scheint gesichert, dass es seit alters her in Neuhausen eine Winthir-Verehrung gibt, daher wird der Friedhof auch **Winthirfriedhof** genannt. 1890 wurde er mit Neuhausen in die Landeshauptstadt München eingegliedert.

Die kleine Kirche ist etwas höher gelegen als die Straße, und der sich hinter der Kirche befindende, optisch und akustisch vom lebendigen Stadtviertel abgeschirmte Friedhof überrascht mit einem ganz besonderen Flair. Denn er sieht immer noch so aus wie »früher«, dass man meinen könnte, es seien hier ausschließlich aufrechte, gottesgläubige Dorfbewohner bestattet worden, aus der Zeit, als Neuhausen noch eine kleine Ansiedlung mit einer rein landwirtschaftlich und handwerklich geprägten Bevölkerung war.

Der Querschnitt der Menschen, die im Winthirfriedhof ihre Grabstätte haben, ist aber ein ganz anderer. Unter bescheiden wirkenden schmiedeeisernen Grabkreuzen liegen hier nicht wenige hochkarätige Münchner Persönlichkeiten. Prätentiöse Denkmäler und pompöse Familiengräber? Fehlanzeige! Als hätten sich alle lieben Verstorbenen untereinander abgesprochen, überwiegen im Schatten von mächtigen Baumkronen bunt bemalte und kunstvoll mit

An der Winthirkirche: die Ruhestätte von Oskar von Miller und Familie

◀ Das Grab von Johann Baptist Stiglmaier
▶ Das Walchenseekraftwerk Kochel, Großprojekt von Oskar von Miller
▼ Wohnanlage direkt am idyllischen Friedhof

allerlei Schnörkeln gestaltete Grabkreuze. Das idyllische Bild und die elegante Unaufdringlichkeit dieser Friedhofsanlage wird nur geringfügig von den mehrstöckigen Wohnanlagen beeinträchtigt, die den Friedhof von zwei Seiten »umklammern«. Trotzdem bleibt der kleine Gottesacker ein idealer Ort, um mitten in der Stadt Stille und Freiräume des Denkens zu finden. Seine Übersichtlichkeit (nur neun Gräberfelder) macht es einfach, die gesuchten Gräber aufzufinden.

- Auf einer Gedenktafel an der Kirchenmauer ist zu lesen: »Ihrer unvergesslichen Mutter Joh. **Franziska Schmitz**, Oberbergraths Witwe, gebornen von Bolen, die dankbaren Kinder. Geboren 30. Mai 1759 zu Daun in der Eifel. Gestorben 1. Dez. 1822 zu Nymphenburg«. Sie wurde die »Spinn-Mutter« genannt, weil sie 1810 in Neuhausen-Nymphenburg Spinnstuben gründete, in denen Mädchen und Frauen die niederländische Flachsspinnerei erlernen konnten.
- Mit seiner Grabstätte an der Kirche ist die bekannteste Persönlichkeit ohne Zweifel **Oskar von Miller** (1855–1934), der Großprojekte wie das Walchenseekraftwerk (1918–24), das Bayernwerk (1924) und die Reichselektrizitätsversorgung (1930) realisierte. 1903 begann er mit dem Bau des Deutschen Museums – ein internationales Museum für die historische Entwicklung von Naturwissenschaften und Technik, das zum Vorbild für die Errichtung von technischen Museen weltweit wurde.
- Das Grab von **Johann Baptist Stiglmaier** (1791–1844) ist zu einem von Efeu überzogenen Gesamtkunstwerk geworden. Der Erzgießer, Bildhauer, Zeichner und Medailleur schuf als Inspektor der Königlichen Erzgießerei in München Medaillen, Münzen und Erzgüsse, wie z. B. die Bronzetore der Münchner Glyptothek und der Walhalla bei Regensburg und den Obelisken am Karolinenplatz. [7-1-5/6]
- Am 28. Juli 1998 wurde am Roseneck in der Münchner Fußgängerzone das Standbild von **Siegfried (Sigi) Sommer** (1914–1996) enthüllt. Der Schriftsteller und Journalist war als »Literarischer Spaziergänger« und »München-Philosoph« bekannt. Seine berühmteste Hinterlassenschaft ist die Lokalkolumne »Blasius, der Spaziergänger«, die 40 Jahre lang in der Abendzeitung erschien: Tagaus, tagein spazierte Sommers Alter Ego Blasius durch sein geliebtes München, beobachtete und erzählte, nicht selten mit beißendem Spott: »Schreibst halt jeden Tag a Verserl, an Stoff find'st auf der Straß'«, war sein Motto. Blasius und seine Spaziergänge waren eine Münchner Institution.

»Der beste Aufschlag vieler Tennisspielerinnen ist der Augenaufschlag.« – »Ein Campingplatz ist eine Rheumatismusfarm.« – »Ein alternder Playboy ist ein Sonnyboy mit ein bißchen Sonnenuntergang.« – »Verkehr ist, wenn man trotzdem lebt.« Auf dem Rindermarkt steht Sigi Sommer in Bronze und Lebensgröße, stets mit einem leicht spöttischen Zug auf den Lippen – die Statue eines Spaziergängers, geschaffen vom Starnberger Bildhauer Max Wagner. [4-5-5]

Wie auch beim Nymphenburger und beim Bogenhausener Friedhof darf im Winthirfriedhof nur bestattet werden, wer zum Todeszeitpunkt seit mindestens 30 Jahren in diesem Bestattungsbezirk seinen Wohnsitz hatte – es sei denn, man hat sich um die Stadt München besonders verdient gemacht.

Standbild von Siegfried (Sigi) Sommer am Roseneck nahe dem Marienplatz

Auf einen Blick

FRIEDHOF NEUHAUSEN (WINTHIRFRIEDHOF)

Winthirstr. 15, 80639 München,
Tel. 089/143 34 60 30
Erste Erwähnung: 1315
Ca. 180 Grabstätten
Gesamtfläche: 0,26 ha

ANFAHRT

ÖPNV: U1 ab Hauptbahnhof bis Haltestelle Rotkreuzplatz und zu Fuß entlang der Winthirstraße
Auto: Über die Nymphenburger Straße zum Rotkreuzplatz, dann über die Winthirstraße. Parkmöglichkeit in der Tiefgarage Galeria am Rotkreuzplatz

WEITERE PROMINENTE

Franz Anton Bustelli (1723–1753), Bildhauer und Modellierer von Porzellanfiguren: Er gilt als der bedeutendste Porzellankünstler des Rokokos. [Kirchenwand]
Joseph Anton Sambuga (1752–1815), katholischer Theologe und Erzieher des späteren bayerischen Königs Ludwig I. [Kirchenmauer]
Erna Morena (1885–1962), Stummfilmdiva, spielte in mehr als 100 Kinofilmen und produzierte selbst Filme (u. a. mit Hans Albers) [Gräberfeld 1]
Ruth Schaumann (1899–1975), Künstlerin und Schriftstellerin [1-11-7/8]
Peter Dörfler (1878–1955), Priester, Dichter und Erzieher [4-1-4]
Jörg Hube (1943–2009), Schauspieler, war in vielen BR-Serien (u. a. »Monaco Franze«, »Löwengrube«, »Café Meineid«) und Krimis wie »Tatort« oder »Polizeiruf« zu sehen [Gräberfeld 4]
Fritz Rieger (1910–1978) war 17 Jahre lang künstlerischer Leiter der Münchner Philharmoniker. [5-1-2]

EINKEHR

Großwirt (Volkartstr. 2,
Tel. 089/20 20 48 88, grosswirt.de)

18

Waldfriedhof Obermenzing

VOM NEOKLASSIZISMUS ZU GEORGIA O'KEEFFE

Der Gottesacker in Obermenzing wurde 1913 im Stil eines Waldfriedhofs durch die damals selbstständige Gemeinde eingerichtet. 1938 wurde er nach München eingemeindet.

Nur sechs Jahre nach der Eröffnung des von *Hans Grässel* geplanten Münchner Waldfriedhofs wurde in der Gemeinde Obermenzing ein neuer Friedhof im gleichen Stil erbaut. Dennoch trägt der Friedhof die Bezeichnung »Waldfriedhof« bis heute nicht in seinem Namen. Derzeit umfasst der Friedhof rund 3600 Gräber, darunter auch Urnengräber für Bestattungen unter Bäumen.

Die vom Oberbaurat *Adolf Fraas* (1873–1955) entworfene neoklassische kleine **Trauerhalle** wurde ebenfalls 1913 eingeweiht. Ganz in der Nähe von dieser ist eine Lichtung, auf der sich seit 2011 eine kunstvoll gestaltete **Anlage für Urnengräber** mit Rahmenbepflanzung befindet – wahrlich ein Blickfang und ein neues Zentrum für den kleinen Friedhof. Der Entwurf stammt von der Landschaftsarchitektin *Gunhild Brandhoff*, die sich von den Formen und kräftigen Farben der amerikanischen Künstlerin Georgia O'Keeffe inspirieren ließ. Aus der Vogelperspektive gesehen, bilden Wege und Beete die Form einer Blume nach, deren Wurzel der Trauerhalle entspringt, deren Stiel als Friedhofsweg verläuft und deren Blüten sich auf der Lichtung entfalten. In der Saison werden die Beete regelmäßig von der Städtischen Friedhofsverwaltung bepflanzt. Gerahmt wird diese herrliche Anlage von Tulpenbäumen, Hemlocktannen, Eiben, Fichten, Linden und verschieden Arten von Ahornen. Allein für diese Lichtung lohnt es sich, den Friedhof zu besuchen.

Imposanter Grabstein mit Lebensbaum

▲ Grabstätte von Ellis Kaut
▼ Die kleine neoklassische Aussegnungshalle

Für eine Jagd nach Prominentengräbern eignet sich dieser Friedhof hingegen nicht. In diesem eleganten Waldfriedhof mit kreativen Gestaltungsideen nur eine Liste von Gräbern abzuklappern, das würde der denkmalgeschützten Anlage auch nicht gerecht. Zwei Ausnahmen seien hier dennoch erwähnt:

- **Olf Fischer** (1917–1998), Regisseur, Filmemacher, Kabarettist, initiierte die Starkbierprobe mit ihrem Singspiel auf dem Münchner Nockherberg. Auch die TV-Sendereihe »Komödienstadel« ist ihm zu verdanken. Sehr beliebt waren zudem die 53 Folgen der Fernsehserie »Königlich Bayerisches Amtsgericht«, die Gerichtsszenen aus den Jahren 1911/1912 in einem Amtsgericht einer fiktiven niederbayerischen Gemeinde darstellen. [32-1-52]
- »Hurra, hurra, der Pumuckl ist da!« Wer denkt nicht wehmütig an die Zeit zurück, als man mit Kindern, Eltern oder Großeltern vor dem Fernseher saß und sich für die Sendung »Meister Eder und sein Pumuckl« begeisterte? Die Geschichten des rothaarigen Kobolds, der beim Schreinermeister Franz Eder lebt und allerlei Streiche ausheckt, sind das Werk der Kinderbuchautorin **Ellis Kaut** (1920–2015), einer bemerkenswerten und vielseitigen Frau. In Stuttgart geboren, wuchs sie in München auf. Zunächst in ihrem Beruf als Bildhauerin tätig, widmete sie sich stets auch der Malerei und der Fotografie. Nur nebenbei schrieb sie Erzählungen. Durch die Bekanntschaft mit Kurt Wilhelm, dem Leiter der Unterhaltungsabteilung des Bayerischen Rundfunks, begann sie dort mit der Hörsendung für Kinder »Geschichten vom Kater Musch«. Auch »Meister Eder und sein Pumuckl« lief zunächst als Hörsendung im BR, ab 1982 wurde daraus die Fernsehserie mit Gustl Bayrhammer als Meister Eder und Hans Clarin als Pumuckls Stimme – frech, schrill, manchmal zornig, immer lieb.

> *»Ich bin klein, mein Herz ist rein, ich will auch nie wieder so böse sein.« – »Weinen ist ja sehr schön, aber langweilig, wenn's keiner hört.« – »Ich komm noch öfter auf die Welt, weil mir das Feiern so gefällt.« – »Ein Trunk zur Versöhnigung ist eine gute Gewöhnigung.«*

Ellis Kaut verstarb 95-jährig am 24. September 2015. [24-W-1]

▲ Detail der von Gunhild Brandhoff gestalteten Urnengräber-Anlage
▼ Der Innenhof von Schloss Blutenburg mit der Schlosskapelle

Auf einen Blick

FRIEDHOF OBERMENZING

Bergsonstr. 32, 81245 München,
Tel. 089/89 14 65 59 21
Entstehung: 1913
Ca. 3600 Grabstätten
Gesamtfläche: 8,02 ha

ANFAHRT

ÖPNV: S3 Richtung Mammendorf bis Haltestelle Langwied und weiter mit Bus 143 Richtung Olympia-Einkaufszentrum bis Haltestelle Friedhof Obermenzing
Auto: Arnulfstraße stadtauswärts, dann über Amalienburg- und Verdistraße und beim Kreisverkehr am Anfang der A8 in die Bergsonstraße abzweigen

WEITERE PROMINENTE

Karl Himmelstoß (1872–1967), Bildhauer und Porzellanbildner: Er war u. a. für die Königliche Porzellan-Manufaktur Berlin und die Porzellanmanufaktur Nymphenburg tätig. [14-W-35]
Peter Ostermayr (1882–1967), Filmpionier und Filmproduzent: Im Mittelpunkt seines Schaffens standen Verfilmungen der Romane von Ludwig Ganghofer. [2-W-21/22]

EINKEHR

Schlossschänke Blutenburg (Seldweg 15, Tel. 089/811 98 08, schlossschaenke-blutenburg.de)

SCHLOSS BLUTENBURG

Das Jagdschlösschen Blutenburg ist eine der entzückendsten Sehenswürdigkeiten Münchens. Das Schlossgebäude ist von einem Wassergraben und einem Mauerring mit mehreren Wehrtürmen umgeben.

MEISTER EDER UND SEIN PUMUCKL

Die Filme der TV-Serie wurden hauptsächlich in den Stadtteilen Lehel und Haidhausen gedreht. Meister Eders Werkstatt wurde leider bereits 1985 abgerissen, aber besonders in Haidhausen sind noch viele Originalschauplätze erhalten geblieben und lohnen einen Spaziergang (pumucklhomepage.de/scenes.html).

Auch interessant

Bestattungskultur im Wandel

Nach dem Auflassen der alten Kirchfriedhöfe ab Ende des 18. Jahrhunderts wurden weitläufige Friedhöfe außerhalb der Stadttore angelegt.

Die Grabmäler gestaltete man sehr aufwändig und künstlerisch, den verschiedenen Strömungen der Epochen wie dem Barock, dem Klassizismus und der Romantik entsprechend. Gegen Mitte des 19. Jahrhunderts entwickelte sich das **Grabmal** zum Statussymbol des Bürgertums. Es entstanden üppig ausgestattete, oft protzig wirkende Grabstätten, die Besitz und Reichtum, Macht und Ansehen der bestatteten Personen widerspiegelten.

Als Reaktion darauf entstand am Anfang des 20. Jahrhunderts eine Reformbewegung, die neben Schlichtheit eine »demokratische« Vereinheitlichung der Grabmale zum Ziel hatte. Man wollte dem »Übel« zu Leibe rücken, u.a. mit immer strengeren Friedhofsverordnungen, die drastisch auf die Vereinheitlichung der Grabanlagen drängten.

Diese gut gemeinte »demokratisierende« Reform führte indessen zur heutigen Uniformität und Gesichtslosigkeit. Der Blick auf ein Gräberfeld eines beliebigen städtischen Friedhofs zeigt weitgehend einheitliche, relativ niedrige Formate, deren Größe in den Friedhofsordnungen vorgegeben ist. In diesen konnte sich die deutsche Regulierungswut austoben. *Franz Werfel* beschrieb bereits in den 1930er-Jahren Friedhöfe als »wohlausgerichtete Zweck-Architekturen der Verwesung«. Der **standardisierte Reformfriedhof** prägt bis heute das Erscheinungsbild der städtischen Friedhöfe.

Eine weit größere Änderung der Bestattungskultur als die Reformbewegung brachte die **Feuerbestattung**. Jahrhundertelang hatte das Christentum diese aus dem Glauben an die leibliche Auferstehung der Toten heraus abgelehnt. Seit dem Edikt von Paderborn im Jahr 785 war die Leichenverbrennung verboten. Die erste Feuerbestattung der Neuzeit in Europa fand 1752 in

Tröstender Engel mit Rosen, das Zeichen der Liebe

Österreichisch-Schlesien statt. Seit Mitte des 19. Jahrhunderts verstärkten sich wegen der Hygiene, der geringeren Kosten und als bewusste Abgrenzung zur christlichen Bestattungskultur seitens der Freidenker die Forderungen nach Feuerbestattungen. Noch 1886 untersagte das »Dikasterium für die Glaubenslehre« den Katholiken die Feuerbestattung. Während die evangelische Kirche die Einäscherung bereits in den 1920er-Jahren akzeptierte, wurde die Kremation für die Katholiken erst 1963 unter Papst Paul VI. von der katholischen Kirche akzeptiert. Seit 2005 bietet diese selbst auch die Bestattung in sogenannten Begräbnis- oder Urnenkirchen an.

In Deutschland gibt es neben der Erdbestattung inzwischen eine Vielzahl von Bestattungsarten, die alle auf die Einäscherung zurückzuführen sind:

Urnenwand im Nordfriedhof

- die **Urnenbestattung**, die Beisetzung der Urne mit der Asche des Verstorbenen innerhalb von Friedhöfen;
- die **Baumbestattung/Waldbestattung** im Wurzelbereich eines Baums (nur ein kleines Schild am Baum dient als Grabmal) – das kann auch außerhalb von Friedhöfen erfolgen, in gewidmeten **Bestattungswäldern (Friedwäldern)**;
- die **Seebestattung**, eine der wenigen Möglichkeiten in Deutschland, Asche zu verstreuen, was aber nur an ganz bestimmten Orten in der Ost- und Nordsee erlaubt ist;
- **Rasenfelder** – hier liegen die Urnen in der Rasenfläche;
- die **anonyme Bestattung**, die auch schon Bestandteil einer neuen Trauerkultur ist – anonyme Urnenhaine als kollektive Orte der Trauer.

Was allerdings noch besteht, das ist die **Friedhofspflicht**. Diese gilt in Deutschland sowohl für Erdbestattungen im Sarg als auch für die Feuerbestattung in einer Urne. Sie zwingt zur Beisetzung auf einem Friedhof oder auf einem dafür freigegebenen Gelände. Die Aufbewahrung von Urnen zu Hause ist – im Gegensatz zu zahlreichen europäischen und außereuropäischen Ländern – weiterhin nicht erlaubt.

Aber auch diese Säule der traditionellen Bestattung gerät ins Wanken, und in einigen Bundesländern gibt es bereits Ausnahmen, z. B. in Bremen: Dort ist – an verschiedene Vorgaben verknüpft – das Ausstreuen der Asche auf Privatgrund seit 2015 möglich. Laut dem Soziologen *Thorsten Benkel* wird die Friedhofspflicht nicht mehr lange bestehen bleiben.

Erwähnenswert ist auch der – den deutschen strengen Bestattungsregeln zu verdankende – **Sargzwang**. Das bedeutet, dass für Erdbestattungen ausnahmslos Särge zu verwenden sind. Auch hier ist die Bestattungskultur in Bewegung geraten: In einigen Bundesländern wurde in Anbetracht der stetig steigenden Zahl von muslimischen Bürgern der strikte Sargzwang aufgeweicht.

Die Zukunft der Friedhöfe? Es gibt immer weniger Erdbestattungen und immer mehr Einäscherungen. Weil Urnen weniger Platz benötigen, brauchen Friedhöfe keine Erweiterungsflächen mehr – aufgelassene Gräber bleiben unbesetzt, und auf den traditionellen Friedhöfen wächst der Leerstand. Sie entwickeln sich immer mehr zu Biotopen und städtischen Oasen, zu Orten der Erholung und Ruhe für die Menschen. Gleichzeitig werden sie immer mehr zu Museen, in denen historische Grabdenkmäler in Szene gesetzt werden.

19

Friedhof Laim (St. Ulrich)

ALTBAYERISCHES KLEINOD IM SCHATTEN DICHTER BAUMKRONEN

1315 wurden die Kirche St. Ulrich in Laim und deren Friedhof erstmals urkundlich erwähnt. 1907 fanden hier die letzten Bestattungen statt.

Wenn man, von der Fürstenrieder Straße kommend, die Agnes-Bernauer-Straße in Richtung Westen geht, könnte man die gegenüber dem Laimer Anger liegende Kirche leicht übersehen, verschwindet doch ihr Zwiebelturm fast hinter den Kronen der hohen Bäume, die das Areal von der Straße und ihrem Lärm abschotten. Es ist ein wahres Kleinod im Herzen von Laim: die altbayerisch-dörflich wirkende katholische **St.-Ulrich-Pfarrkirche** und ihr winziger Friedhof, der einst die Bewohner der Dörfer Laim und Friedenheim in seine Erde aufnahm. Aus der Zeit sind heute nicht mehr als 15 Gräber übriggeblieben. 1315 wurde die St.-Ulrich-Kirche erstmals urkundlich erwähnt. Vermutlich ist sie jedoch älter und geht auf die Gründungszeit Laims zurück, das zum ersten Mal zwischen 1047 und 1053 als »loco leima« urkundlich erwähnt wurde.

Die Kirche ist nach Ulrich von Augsburg benannt, dem Bischof und Verteidiger Augsburgs gegen die Ungarn, der 993 heiliggesprochenen wurde. Die Zeit, in der der Heilige Ulrich lebte (890–973), war eine entscheidende Epoche in der europäischen Geschichte. Ab 936 war Otto I. aus dem Geschlecht der Liudolfinger König des Ostfrankenreichs. Dass er auch Kaiser wurde, verdankte er plündernden ungarischen Reiterscharen. Die Ungarneinfälle waren eine im Jahr 899 begonnene Reihe von kriegerischen Auseinandersetzungen zwischen den noch nicht sesshaften Ungarn, den Magyaren, und ihren Nachbarn. 955

▲ Die katholische Pfarrkirche St. Ulrich: Arkadengang und Südwestturm
▼ Beeindruckende Darstellung von Jesus am Kreuz auf einem alten Familiengrab

St. Ulrich: Turm und alte Kirche von Süden aus gesehen

fielen die Ungarn wieder ein, in unglaublich großer Zahl. Otto I. schaffte es, ein riesiges Heer um sich zu sammeln. Die Bayern, die Franken, die Schwaben und die Böhmen schlossen sich an. Es kam zur berühmten Schlacht am Lechfeld: Mit geschickten Manövern gelang es den Truppen Ottos I., die Ungarn einzukesseln und sie zum Nahkampf zu zwingen, in dem Ottos Krieger den Magyaren weit überlegen waren. Kaum ein Ungar verließ lebend das Schlachtfeld. Die Ungarn würden nie wieder angreifen! Nach diesem überwältigenden Sieg wollte niemand mehr Ottos Führung infrage stellen. Ab jetzt nannte man ihn Otto den Großen (manche stilisieren die Schlacht am Lechfeld zur Geburtsstunde der Deutschen). 962 ließ sich Otto I. vom Papst in Rom zum Kaiser krönen. Ulrich von Augsburg wirkte 955 am Sieg König Ottos I. auf dem Lechfeld mit, da er die Verteidigung von Augsburg gegen die Ungarn befehligte. Ohne Schild und Waffen und mit der Bibel in der Hand sei er – so die Legende – den Feinden entgegengeritten.

Laut dem Historischen Verein Laim e. V. war Laim im Jahr 1890 noch ein beschauliches Bauerndorf mit nur 290 Einwohnern, 39 Wohngebäuden, 76 Pferden, 211 Rindern, 80 Schafen, 13 Schweinen und zwei Ziegen. Erst mit dem Bau des Rangierbahnhofs 1890 setzte in Laim ein wirtschaftlicher Aufschwung ein. Von da an wuchs der Ort in rasantem Tempo: Von 1890 bis 1901 verzehnfachte sich die Einwohnerzahl. Am 1. Januar 1900 folgte schließlich die Eingemeindung Laims nach München.

Mit der Zunahme der Bevölkerung musste 1897 auch der ursprünglich spätmittelalterliche Kirchenbau vergrößert werden. Ab 1912 wurde nach Plänen von *Friedrich von Schmidt* und *Theodor Fischer* eine neue Kirche errichtet und 1916 eingeweiht. Wegen des Neubaus mussten zahlreiche Gräber weichen. Um die Jahrhundertwende gab es auf dem Friedhof noch etwa 100 Gräber, 45 davon wurden als »Gräber um die Kirche« bezeichnet.

● Die Namen auf den heute noch 15 erhaltenen Gräbern lesen sich wie die Prominentenliste aus dem damaligen Laim:

»Theodor Kriebel: k.b. Artillerie Oberstlieutenent; geb. 8. Juli 1793, gest. 20. Juli 1854. Ein Mann nach Pflicht und Recht, Christ, Krieger, edel, ächt; Mit Lieb' stets sorgend für die Seinen, Mög Gott uns jenseits mit ihm einen.«

»Caroline Kriebel: geb. Gräfin v. Holnstein aus Bayern; geb. 7. März 1799, gest. 23. April 1885. Die beste Mutter Abschied nahm, Ihr gleich an Lieb und Sorg' nichts kam, Lebend'ger Geist in Gott geborgen, Ruh' sanft zum Auferstehungsmorgen.«

• Beeindruckend ist die Grabstätte der Familie Eggenhofer, auf der ein imposanter Engel mit ausgebreiteten Flügeln auf dem Grabstein thront:

> *»Hier ruht Herr Sebastian Eggenhofer, Schmiedmeister von hier, Geboren im Jahre 1810, gestorben den 15. Juni 1865. Ihm folgte sein Sohn, unser innigstgeliebter Gatte und Vater Herr Jakob Eggenhofer Privatier: ehem. Schmidmeister dahier, Inhaber der Kriegsdenkmünze von 1870/71 und der Kaiser Wilhelms Medaille, geboren den 18. Juli 1848, gestorben den 20. Februar 1902.«*

Bruchstücke von Biografien, efeuumrankte Baumstämme, das Grün von Scheinzypressen, Grabsteine im Schatten dichter Baumkronen: Das Auge verliert sich darin, der Geist entspannt sich und begibt sich trotz kleinstem Raum in eine geheimnisvolle Abgeschiedenheit von Ort und Zeit.

Engel auf der Grabstätte der ehemals prominenten Familie Eggenhofer

Auf einen Blick

ST.-ULRICH-KIRCHE IN LAIM

Agnes-Bernauer-Str. 104, 80687 München, Tel. 089/8945970
Gründungsjahr: 1315
Aufgelassener Friedhof, noch 15 erhaltene Grabstätten

ANFAHRT

ÖPNV: MVV-Anbindung über die Tramlinien 18 und 19 oder Busse 51 und 151
Auto: Über die Landsberger Straße stadtauswärts und über die Fürstenrieder zur Agnes-Bernauer-Straße

EINKEHR

Konditorei Detterbeck (Agnes-Bernauer-Str. 89, Tel. 089/560268, konditorei-detterbeck.de)

LAIM

Es lohnt sich, die Umgebung der Kirche zu erkunden: Auf der gegenüberliegenden Straßenseite befindet sich der Laimer Anger, das alte und neue Zentrum von Laim in der Agnes-Bernauer-Straße. Südlich davon steht seit 1898 inmitten von Bäumen die kunstvolle Villa Ballauf. Ca. 100 m weiter südlich erreicht man die unter Denkmalschutz stehende evangelisch-lutherische Paul-Gerhardt-Kirche. Geht man die Agnes-Bernauer-Straße hingegen ca. 300 m weiter Richtung Westen, kommt man über die Vohburger Straße zur Villenkolonie Schlosspark Laim mit ihren dekorativ gestalteten, meist zweigeschossigen Reihenhäusern. Von dort sind es nur wenige Schritte zur grünen Oase des Agricolaplatzes.

AGNES BERNAUER

Die Augsburger Baderstochter Agnes Bernauer (1410–1435) war die Geliebte und Ehefrau des bayerischen Herzogs Albrecht III. Da die Bader zur untersten Bürgerschicht gehörten, sah der Wittelsbacher Herzog Ernst, Regent des Herzogtums Bayern-München-Straubing, durch diese nicht standesgemäße Verbindung seines Sohns die Erbfolge gefährdet und ließ Agnes Bernauer unter dem Vorwurf des Majestätsverbrechens, der Zauberei und Landesschädigung zum Tode verurteilen. Am 12. Oktober 1435 wurde Agnes Bernauer in Straubing in der Donau ertränkt. Alle vier Jahre finden nun dort Agnes-Bernauer-Festspiele statt, bei denen die Geschichte von Laienschauspielern in Szene gesetzt wird (agnes-bernauer-festspiele.de).

20

Friedhof Nymphenburg

ARKADENGÄNGE AM SCHLOSSPARK

Auf einer Gesamtfläche von ca. 0,32 Hektar verfügt der Friedhof Nymphenburg über eine Kapazität von ungefähr 360 Grabstellen und zählt damit zu den kleinsten Friedhofsanlagen in München.

Der kleine, in unmittelbarer Nähe des Nymphenburger Schlossparks gelegene Friedhof wurde 1875 als Gemeindefriedhof der damals noch selbstständigen Gemeinde Nymphenburg eröffnet, die 1899 in die Landeshauptstadt München eingegliedert wurde. Während auf allen großen Friedhöfen in München freie Wahlmöglichkeit besteht, ist der Friedhof Nymphenburg nicht öffentlich. Um hier bestattet werden zu können, wird vorausgesetzt, dass man mindestens 30 Jahre in diesem Bestattungsbezirk seinen Wohnsitz hatte.

Vom einzigen Eingang des Friedhofs überblickt man das gesamte Areal. Der Hauptweg führt direkt zum Friedhofsgebäude mit seinem markanten **Arkadengang**. Die Arkaden, in denen die Grüfte und Urnennischen untergebracht sind, erinnern entfernt an Kirchenbauten im Süden Spaniens. Dieser Eindruck, die Überschaubarkeit des Friedhofs und seine fast vollkommene Abschirmung vom Verkehrslärm verleihen dem Ort einen subtilen Charme, der zum Nachdenken einlädt und die Neugierde weckt, sich mit den Biografien mancher Verstorbenen zu beschäftigen.

Hinter jedem Grab steht eine – meist vergessene – Geschichte. In den Dorfgemeinschaften früherer Zeiten, in denen jeder jeden kannte, waren diese Geschichten verbindend. Sie schufen Querverbindungen innerhalb der Gemeinschaft. Grabinschriften wie »Hier ruht in Gott nach einem segensreichen von ehrenamtlicher Tätigkeit ausgefüllten Leben mein innig geliebter Mann« waren für alle »lesbar«. Im Hier und Jetzt haben die meisten Gräber die Gabe des Erzählens verloren, sie sind stumm für immer.

In Gedanken versunkene Figur mit Blumenkranz

◀ Brunnen: »Jesus auf dem stürmischen See (Joh. 6, 20)«
▶ Das Grab der Schriftstellerin Elisabeth Castonier
▼ Details der Grabstätte der Schauspielerin Ruth Leuwerik

- *»Meine englische Großmutter, Elisabeth, hatte gerade ihren fünfzehnten Geburtstag gefeiert, als mein russischer Großvater, Alexander de Bosse, aus St. Petersburg bei Nachbarn in Sussex einen kurzen Urlaub verbrachte. Sie lernten sich auf einer Tea-Party kennen, bei der nach englischer Sitte Tische und Stühle im Garten auf einen Teppich gestellt wurden, um die Gäste vor dem feuchten Rasen zu schützen …«*
Diese Zeilen stehen am Anfang der Biografie »Stürmisch bis heiter. Memoiren einer Außenseiterin« der 1894 in Dresden geborenen und 1975 in München verstorbenen Schriftstellerin **Elisabeth Castonier**. Die Tochter eines Malers und seiner exzentrischen englisch-russischen Frau lebte von 1917 bis 1927 in München, anschließend in Berlin. Weil sie jüdische Vorfahren hatte, wurden ihre Bücher im nationalsozialistischen Deutschland verboten. 1934 emigrierte sie deshalb nach Wien, 1938 floh sie nach England, wo sie als Zeitungs- und BBC-Korrespondentin arbeitete. Von 1944 bis 1954 war sie Landarbeiterin auf einer Farm in Hampshire. In der Nachkriegszeit lebte Elisabeth Castonier weiter in England, reiste aber regelmäßig nach München, um Freunde zu besuchen und zur medizinischen Behandlung. Sie starb in einer Münchner Klinik. 2017 wurde ein Platz in Riem nach ihr benannt. Sie hatte Krimis, Romane, Kurzgeschichten und Kinderbücher verfasst. In ihren 1964 erschienenen und auf Anhieb zum Bestseller gewordenen Memoiren schrieb sie auch über ihre Zeit in München, den aufkommenden Antisemitismus, den Hitlerputsch und über ihre Flucht aus Deutschland. [004-1-15]
- Auf dem Friedhof befinden sich auch die Gräber der als Englische Fräulein bekannten Nonnen der **Kongregation Maria Ward**. Das Kloster und die Schule der Kongregation stehen auf der gegenüberliegenden Seite der Maria-Ward-Straße. Mary Ward (1585–1645) war eine englische Adelige und römisch-katholische Ordensschwester, die einen Frauenorden ohne kirchliche Klausurvorschriften gründete. Sie richtete Häuser für die Schwestern ein sowie Schulen für junge Frauen und Mädchen. Sie gilt als Wegbereiterin einer besseren Bildung für Mädchen.
- Entzückend ist die vergoldete Rose am Grab von **Ruth Leuwerik** (1924–2016). Die Schauspielerin war einer der großen deutschen Kinostars der 1950er-Jahre und beeindruckte mit glamourösen Frauenrollen eine ganze Generation. [2-8-18]

Der idyllische Charakter des Friedhofs wird durch seine Umgebung noch verstärkt, denn in unmittelbarer Nähe befindet sich *die* Münchner Sehenswürdigkeit par excellence: Schloss Nymphenburg.

▲ Die Arkaden der Trauerhalle mit den Grüften und Urnennischen
▼ Der Nymphenburger Friedhof ist eingebettet in eine gehobene Wohngegend.

Auf einen Blick

FRIEDHOF NYMPHENBURG

Maria-Ward-Str. 5, 80638 München,
Tel. 089/143 34 60 33
Fertigstellungsjahr: 1875
Ca. 360 Grabstätten
Gesamtfläche: 0,32 ha

ANFAHRT

ÖPNV: Tram 17 vom Karlsplatz Richtung Amalienburgstraße bis Haltestelle Maria-Ward-Straße
Auto: Am besten zum Schloss Nymphenburg und dort am Nördlichen Schlossrondell oder in der Maria-Ward-Straße parken

WEITERE PROMINENTE

Bernardine Weber (1919–2012), Bildhauerin und Ordensschwester [Gräberfeld 3]
Bernhard Wicki (1919–2000), Filmregisseur [4-1-23]
Eugen Roth (1895–1976), Autor und Lyriker [2-2-15]

EINKEHR

Schlosswirtschaft Schwaige (Schloss Nymphenburg 30, Tel. 089/12 02 08 90, schlosswirtschaft-schwaige.de);
Café Hölzl (Hirschgartenallee 48, Tel. 089/10 11 97 78, cafehoelzl.de)

Der Friedhof ist ein Hort der Artenvielfalt, nicht nur deren Abbild.

Außerhalb Münchens

Eine zum Kult gewordene Grabstätte, die den Besucher in seine Kindheit zurückführt, und ein verwunschener, verwilderter Gottesacker im Norden der Stadt sind Geheimtipps, die überraschen. Faszinierend die Waldkapelle Oberberghausen im Weltwald bei Freising (ab S. 176).

21

Friedhof Gräfelfing

EIN GOTTESACKER ALS PILGERSTÄTTE

Der etwa 5,5 Hektar große, 1913 erbaute sowie 1940 und 1949 erweiterte Friedhof erzählt tragische, aber auch aufbauende Geschichten.

»*Da gab sich Winnetou einen Ruck, daß sein hinten lang herabfallendes, prächtiges Haar nach vorn flog und ihm wie ein Schleier das Gesicht bedeckte. ›Uff uff!‹ ertönte es aus diesem Schleier heraus. ›Ermordet wurde er! Beweise es!‹ Der Apatsche warf sein Haar mit beiden Händen nach hinten zurück. Seine Augen sprühten Blitze und sein Mund war geöffnet, als wolle er die Antwort des Farmers förmlich trinken.*« Generationen von Deutschen haben den tapferen und edlen Indianerhäuptling geliebt, der mit seiner Silberbüchse und seinem Pferd Iltschi für Gerechtigkeit und Frieden kämpfte. Und wenn sie Karl Mays Bücher nicht gelesen haben, so haben sie zumindest deren Verfilmungen aus den 1960er-Jahren gesehen, die auch heute noch immer wieder im Fernsehen gezeigt werden.

• Am 6. Juni 2015 ist »Winnetous« Alter Ego **Pierre Brice** im Alter von 86 Jahren in die ewigen Jagdgründe Manitus eingegangen. Der Franzose Pierre Brice (Pierre Louis Baron Le Bris, 1929–2015) war der Schauspieler, der in den Karl-May-Verfilmungen den Apatschen-Häuptling spielte und damit zur Kinolegende wurde. Er spielte die Rolle auch im Fernsehen und bei den Karl-May-Festspielen in Elspe und in Bad Segeberg. »Winnetou« war die Rolle seines Lebens. Beerdigt wurde Brice in Gräfelfing, einer Gemeinde westlich von München, dort, wo seine Witwe Hella, eine gebürtige Oberpfälzerin, heute ihren Wohnsitz hat. Etwas versteckt, umgeben von Hecken und im Schatten von hohen Bäumen, fand der Schauspieler auf dem Gräfelfinger Friedhof seine letzte Ruhestätte. [Neuer Teil, Abt. V Reihe H] Der Grabstein ist ein sieben Tonnen schwerer Felsbrocken, auf dem Hella Brice den Namen des Schau-

Das Mahnmal des Todesmarsches vor der Kuppel der alten Aussegnungshalle

◀ Findling auf dem Grab von Pierre Brice
▶ Der Schauspieler Pierre Brice in seiner Rolle als »Winnetou«
▼ Das Mahnmal erinnert an 53 ermordete russische Kriegsgefangene

spielers in dessen eigener Handschrift in Eisen gießen ließ. Das Grab ist mit weiteren Steinen, Pflanzen, Engeln und allerlei Devotionalien verziert und längst zu einer Pilgerstätte für »Winnetous« Anhänger geworden. Für Fans: Es gibt eine weitere Art des »Winnetou«-Tourismus, nämlich den zu den ehemaligen Drehorten der Karl-May-Verfilmungen – die bekanntesten Schauplätze sind der Nationalpark Paklenica und der Nationalpark Plitvicer Seen in Kroatien.

• Ein weiterer prominenter Schauspieler liegt ebenfalls hier begraben: **Horst Tappert** (1923–2008), der vor allem durch seine erfolgreiche Rolle des Kommissars in der TV-Serie »Derrick« berühmt wurde. Was seiner Berühmtheit postum einen Schlag gab, war der 2013 bekannt gewordene Umstand, dass Tappert 1942 als 19-Jähriger bei einer Flak-Abteilung der Waffen-SS gedient hatte. Ohne näher zu prüfen, ob Tappert freiwillig in den Krieg gezogen oder ob er an Kriegsverbrechen beteiligt war, erklärte das ZDF postwendend, man werde keine »Derrick«-Wiederholungen mehr ausstrahlen. Vielleicht aus demselben Grund gibt es seitens der Friedhofsverwaltung eine Auskunftssperre zur Lage des Grabs.

• »Wanderer, wer du auch seist, wünsche ihnen eine sanfte Ruhe. War denn nicht auch von ihnen jeder einer Mutter Sohn« lautet die Inschrift auf einem Mahnmal an der westlichen Mauer des Friedhofs. Am 2. Mai 1919, einen Tag vor dem Ende der Münchner Räterepublik, wurden 53 unbewaffnete ehemalige **russische Kriegsgefangene** von Regierungstruppen am Bahnhof verhaftet, nach Gräfelfing abgeführt und dort standrechtlich abgeurteilt und erschossen.

Außerhalb des Gräfelfinger Friedhofs, an der Ecke Pasinger und Großhaderner Straße, erinnert eine Bronze-Skulptur von Hubertus von Pilgrim an die Todesmärsche genannten Fußmärsche von KZ-Häftlingen, die, nur mit ihren Gefängnisgewändern bekleidet, am 26. April 1945 von Dachau über Starnberg bis Waakirchen und Gmund am Tegernsee getrieben wurden. Mindestens 1000 von ihnen kamen dabei ums Leben: Sie erfroren, verhungerten oder brachen geschwächt zusammen und wurden dann von den SS-Wachmannschaften erschossen. Seit 1989 haben die Gemeinden entlang der Route der »Todesmärsche« insgesamt 22 identische Mahnmale aufgestellt.

• Der Gräfelfinger Friedhof ist freilich nicht nur wegen seiner Prominentengräber und Mahnmale sehenswert. Der 1913 fertiggestellte Friedhof wurde vom berühmten Architekten Professor *Richard Riemerschmid* (1868–1957) im dekorativen Jugendstil entworfen. Auch die **Aussegnungshalle** ist ein Teil dieses Konzepts: Ihre Rotunde wird von einer imposanten Kuppel gekrönt, die bereits aus der Ferne die Blicke auf sich zieht. Heute steht dieser alte Teil des Gräfelfinger Friedhofs unter Denkmalschutz. Das von Efeu umrankte Grab Riemerschmids spiegelt das Prinzip des Friedhofs wider: »Die Toten kehren in den Schoß der Natur zurück.«

Im neuen Teil des Friedhofs beeindruckt neben den gartenartigen offenen Flächen die futuristisch anmutende **neue Aussegnungshalle**, die 1999 vom Wiener Professor *Gunther Wawrik* gestaltet wurde.

Die Kapelle Christus im Stamm im Lochhamer Schlag

Auf einen Blick

FRIEDHOF GRÄFELFING

Großhaderner Str. 2, 82166 Gräfelfing,
Tel. 089/85 82 10 37
Fertigstellungsjahr: 1913
Vergrößert: 1940 und 1949
Gesamtfläche: ca. 5,5 ha

ANFAHRT

ÖPNV: U6 bis Großhadern, dann Bus 268 nach Gräfelfing bis Haltestelle Neuer Friedhof
Auto: A96 bis Pasinger Straße (Ausfahrt Gräfelfing) und ca. 1 km auf der Pasinger Straße nach Süden

EINKEHR

Wirtshaus Wilder Hirsch (Pasinger Str. 1b in Gräfelfing, Tel. 089/85 89 65 98, wilderhirsch.de)

CHRISTUS IM STAMM

Am Ostrand des Friedhofs liegt der Lochhamer Schlag, ein Rest des großen Waldgürtels zwischen Würmtal und Hadern/Laim. Seit 1995 befindet sich in ihm die Holzkapelle Christus im Stamm. Anlass für den Bau war ein Kreuz, das 1945 an einer Fichte befestigt wurde. Die Figur wuchs allmählich weit in den Stamm ein. Als die Fichte bei einem Windbruch fiel, wurde das Stammstück mit dem eingewachsenen Christus gesichert und als Marterl aufgestellt. Aus Dankbarkeit für seine Kriegsrückkehr initiierte Johann Huber, Träger der Silbernen und Goldenen Bürgermedaille, den Bau einer Kapelle um den Baumstamm mit der eingewachsenen Christusfigur. Ein kleiner Spaziergang durch den Lochamer Schlag, vorbei an der kleinen Kapelle, lohnt sich.

22

St.-Clemens-Friedhof

VERWUNSCHENES KIRCHLEIN IM WELTWALD

Vor den Toren von Freising, im Kranzberger Forst, befindet sich der Weltwald mit unzähligen Bäumen aus verschiedenen Kontinenten, darin ein kleines Kirchlein mit verlassenem Friedhof.

Es war einmal ... ein kleines Dorf, das Oberberghausen hieß. Es lag im Kranzberger Forst unweit von Freising und bestand aus nur vier Höfen, in denen vier Bauernfamilien mit einer kleinen Schar von Kindern, Knechten und Mägden wohnten. Die vier seit dem 16. Jahrhundert nachweisbaren Gehöfte bestanden jeweils aus drei bis vier Gebäuden. Eine Waldkapelle diente als Dorfkirche, an deren Stelle vermutlich schon im frühen 6. Jahrhundert eine hölzerne Kapelle stand; die Kirche in ihrer heutigen Form wurde vermutlich im 11. Jahrhundert errichtet.

Der Kranzberger Forst, der das Dorf umgab, war Staatswald. Um 1880 kam das Königlich-bayerische Forstamt auf die Idee, eine Weidenkultur anzulegen, um die Korbindustrie zu unterstützen. Deshalb sollten die Bauern überzeugt werden, ihre Grundstücke zu verkaufen, was sie nach anfänglichem Widerstand auch taten. Der Grund wurde 1883 vom Forstamt erworben, und die Höfe wurden in der Folgezeit abgerissen. Auch die Waldkapelle sollte dieses Schicksal ereilen – da aber ein aufgebrachter Bauer aus Ampertshausen mit der Aussage, es sei unmöglich, seine Vorfahren hier zu exhumieren und wegzubringen, das Ordinariat sehr unter Druck setzte, konnte die Kirche gerettet werden. Heute kümmert sich der Verein zur Erhaltung der Waldkirche Oberberghausen um die Pflege des Bauwerks.

Weil der wirtschaftliche Erfolg der Weidenkulturen ausblieb, wurde das Gebiet ab ca. 1900 wieder aufgeforstet. Neben Fichten wurden auch einige

▲ Holzskulptur im Weltwald
▼ Das Tor zum Asien-Garten im Weltwald

Im verwilderten Friedhof des St.-Clemens-Kirchleins

exotische Bäume (z. B. Douglasie und Weymouth-Kiefer) gepflanzt. 1987 begann man damit, den Wald in ein Arboretum zu verwandeln, das nun seit 2011 unter dem Namen **Weltwald** für die Öffentlichkeit zugänglich ist. Ausgeschilderte Themenpfade führen durch diesen Wald, in dem Gehölze aus der ganzen Welt entdeckt werden können.

Es ist fast schade, dass die Leser dieser Zeilen jetzt wissen, dass irgendwo in diesem Wald ein verwunschenes Kirchlein auf sie wartet, denn quasi per Zufall auf selbiges zu stoßen – das ginge unter die Haut. Wenn man vom Parkplatz P2 den beschilderten Themenpfad »Nordamerika Ost« nach Südwesten geht, kommt man unweigerlich zu dieser kleinen baumumstandenen Kirche. Man sieht sie allerdings nicht schon aus der Ferne, denn sie liegt auf einer kleinen, von einem Wäldchen abgeschirmten Anhöhe.

Das über 1000 Jahre alte Kirchlein **St. Clemens** (auch als Waldkapelle Oberberghausen bekannt) im Schatten mächtiger Eichen ist das einzige erhalten gebliebene Gebäude des 1883 aufgelassenen Weilers Oberberghausen. Eine niedrige Ziegelmauer umschließt die Kirche und den kleinen verwilderten Friedhof. Beim Betreten desselben knarren die Gitterpforte in ihren rostigen Angeln, und man taucht ein in eine Welt des »Es-war-einmal«. Geschmiedete Grabkreuze zerblättern über Gräbern, deren Namen teilweise bis zur Unleserlichkeit verwittert sind. Und die wenigen restaurierten Kreuzinschriften regen die Vorstellungskraft des Besuchers weiter an, sich gedanklich weit zurück in eine tief gläubige bäuerliche Welt zu versetzen:

> *»Wer hier vorbeigeht, soll meiner gedenken und mir zu Hilf und Trost ein Vaterunser beten.« – »Hin geht die Zeit, her kommt der Tod, bedenk's, o Mensch, in Freud und Not.« – »Gott hat erschaffen mich und durch ihn leb ich und in ihm stirb ich.«*

Die Kirche wird nur noch gelegentlich für Gottesdienste und Trauungen genutzt. Eine Reihe Bänke außerhalb der Mauer dient diesen seltenen Messen im Freien, und man kann hier sitzend wunderbar in die fast magische Atmosphäre dieses Ortes inmitten dunkler Nadelwälder eintauchen.

Fegefeuer-Darstellung auf einem alten Grabkreuz

Auf einen Blick

DER WELTWALD

Gesamtfläche: 100 ha

ST.-CLEMENS-KIRCHE

Im Weltwald, 85402 Kranzberg

ANFAHRT

ÖPNV: Mit der S1 nach Freising und weiter mit Bus 619 bis Haltestelle Ampertshausen. Von dort sind es ca. 200 m bis zum Parkplatz P2.
Auto: Am einfachsten erreicht man den Weltwald mit dem Auto auf der St 2084 von Freising Richtung Allershausen. Nach ca. 3 km biegt man links in den Kranzberger Forst ein und steuert einen der beiden Parkplätze (P1/Oberberghausen oder P2/Eisweiher) an.

ÖFFNUNGSZEITEN

Ganzjährig geöffnet. Der Besuch des Weltwalds ist kostenlos.

LAGEPLAN

Einen Plan des Weltwalds findet man unter muenchner-spaziergaenge.info/blog-weltwald.html (mit Link zum Flyer).

EINKEHR

Ca. 1,5 km vom Weltwald entfernt liegt das Restaurant-Hotel zum Forst (An der Lahn 4, 85402 Kranzberg, Tel. 08166/94 56, hotelzumforst.de).

Noch mehr Friedhöfe

Öffnungszeiten
Wenn nicht anders angegeben, gelten für die angeführten Friedhöfe folgende Öffnungszeiten:
November–Februar 8–17 Uhr
März 8–18 Uhr
April–August 8–20 Uhr
September–Oktober 8–19 Uhr

23 Alter Israelitischer Friedhof

Thalkirchner Str. 240, 81371 München, Tel. 089/723 39 64
Ca. 6000 Grabstätten
Gesamtfläche: ca. 2,5 ha
Es gibt Belege für einen jüdischen Friedhof in München um das Jahr 1230. Vom 13. bis zum 15. Jahrhundert gab es immer wieder Pogrome gegen Juden in München. Im Jahr 1442 wurden auf Befehl Herzog Albrechts III. alle Juden aus München und Oberbayern vertrieben. In der zweiten Hälfte des 18. Jahrhunderts siedelten sich wieder Juden in München an. 1816 gestattete der bayerische König Max I. Joseph den Bau eines jüdischen Friedhofs in der Thalkirchner Straße. Nach mehreren Erweiterungen stieß dieser Alte Israelitische Friedhof aber an seine Grenzen und musste aufgegeben werden. Nach 1907 wurden Verstorbene nur hier begraben, wenn schon vorher ein Familiengrab existierte. Für Besucher ist der Friedhof nicht wegen besonderer Einzelgräber von Prominenten interessant, sondern wegen seines gesamten Erscheinungsbilds. Auf dem heute denkmalgeschützten Friedhof befinden sich überwiegend klassizistische Grabdenkmäler des 19. und 20. Jahrhunderts. Der Friedhof ist nicht öffentlich zugänglich, nur Angehörige von Bestatteten dürfen ihn betreten. Mehrmals im Jahr werden aber Führungen der Volkshochschule München angeboten (mvhs.de).

24 Neuer Israelitischer Friedhof

Garchinger Str. 37, 80805 München, Tel. 089/322 82 46
Ausgelegt für 10 000 Grabstätten
Gesamtfläche: ca. 6 ha

Wie auch die vier größten Friedhöfe Münchens vom Stadtbaurat *Hans Grässel* geplant, wurde der Neue Israelitische Friedhof 1908 eröffnet. Er ist von einer fast einen Kilometer langen Steinmauer umgeben. Sehenswert ist eine Reihe von Gräbern von neun ausgezeichneten Rabbinern, deren Grabsteine aus schwarzem Marmor mit goldenen Inschriften verziert sind. Auf diesem Friedhof liegt eine Reihe von bekannten Persönlichkeiten:

- **Lehmann Bernheimer** (1841–1918), Kunsthändler und Bauherr des Bernheimer-Palais
- **Kurt Eisner** (1867–1919), sozialistischer deutscher Politiker und erster Ministerpräsident des Freistaats Bayern
- **Gustav Landauer** (1870–1919), deutscher Schriftsteller und Theoretiker des Anarchismus
- **Max Mannheimer** (1920–2016), Holocaust-Überlebender
- **Abi Ofarim** (1937–2018), Tänzer, Sänger, Gitarrist und Musikproduzent

Ein Besuch des Friedhofs ist derzeit nur für Gemeindemitglieder möglich.

25 Friedhof Allach

Eversbuschstr. 197, 80999 München, Tel. 089/89 14 65 59 21
Ca. 640 Grabstätten
Gesamtfläche: 0,51 ha

Die Geschichte der denkmalgeschützten Kirche St. Peter und Paul geht bis ins 8. Jahrhundert zurück – sie wurde 772/778 zum ersten Mal urkundlich erwähnt. Die denkmalgeschützte Kirche steht am Ostufer der Würm inmitten eines ummauerten Friedhofs; die heutige barocke Ausstattung ist auf eine Erweiterung 1700–1708 zurückzuführen. Obwohl sehr klein, hat dieser Friedhof einen städtischen und einen kirchlichen Teil. Das Friedhofsbild ist geprägt von klassischen Familiengräbern mit Grabhügel und Grabmal. Um den Denkmalcharakter zu bewahren, sind die Aufnahmekapazitäten des Friedhofs beschränkt: Der Verstorbene muss mindestens 20 Jahre lang im Bestattungsbezirk Allach gewohnt haben. An der Westseite des Friedhofs fließt die Würm entlang, ein kleiner Abfluss des Starnberger Sees, und in unmittelbarer Nähe zur Friedhofsanlage liegen das Naherholungsgebiet Ehemaliges Sommerbad Allach und das Naturschutzgebiet Allacher Lohe (Beschreibung unter muenchner-spaziergaenge.info/blog-allacherlohe.html).

26 Friedhof Aubing

Freihamer Weg 73, 81249 München, Tel. 089/89 14 65 59 21
Ca. 3400 Grabstätten
Gesamtfläche: 4,46 ha

Der Friedhof Aubing wurde 1911 von der damals selbstständigen Gemeinde Aubing errichtet. Im Jahr 1942 wurde diese (und mit ihr der Friedhof) gegen den Willen der Bevölkerung per Dekret nach München eingemeindet. Trotz seines Alters überrascht der Friedhof durch seine moderne Prägung. Im Aubinger Friedhof findet man kaum überregionale Berühmtheiten, nur ein paar Namen bekannter lokaler Größen. Hohe Hecken und dichter Baumbestand machen ihn trotzdem sehenswert und zu einer Oase der Ruhe.

27 Friedhof Feldmoching

Am Gottesackerweg 53, 80995 München, Tel. 089/143 34 60 30
Ca. 2700 Grabstätten
Gesamtfläche: 3,56 ha

Hier handelt es sich um einen vergleichsweise jungen Friedhof in einem recht alten Ort: Feldmoching wurde Anfang des 6. Jahrhunderts von bajuwarischen Siedlern gegründet, der Gottesacker hingegen erst 1929 als Friedhof der zu jener Zeit noch eigenständigen Gemeinde Feldmoching eröffnet. Im Jahr 1938 wurde die Gemeinde (und mit ihr der Friedhof) schließlich nach München eingemeindet. Der vollständig von einer Mauer umgebene Friedhof wurde direkt neben der Feldmochinger Kirche angelegt. Die Urpfarrei St. Peter und Paul ist die älteste Pfarrei im Norden Münchens, zwischen 805 und 808 erstmals urkundlich erwähnt. Um auf dem Friedhof ein Grab zu bekommen, muss der Verstorbene mindestens 20 Jahre seinen Wohnsitz in Feldmoching gehabt haben.

28 Friedhof Lochhausen

Schussenrieder Str. 36, 81249 München, Tel. 089/89 14 65 59 21
Ca. 970 Grabstätten
Gesamtfläche: 1,29 ha
Der Friedhof Lochhausen geht zurück auf das 15. Jahrhundert. Er wurde zusammen mit dem urkundlich erstmals um 950 erwähnten Ort Lochhausen 1942 in die Landeshauptstadt München eingemeindet. Heute zeichnet sich der Friedhof durch einen hohen Baumbestand aus, welcher der Anlage einen schönen Parkcharakter verleiht.

29 Friedhof Pasing

Lampertstr. 1, 81241 München, Tel. 089/89 14 65 59 21
Ca. 6500 Grabstätten
Gesamtfläche: 7,44 ha
In früheren Zeiten wurden die Pasinger um die alte Pfarrkirche Mariä Geburt bestattet. Wegen des Bevölkerungswachstums am Ende des 19. Jahrhunderts wurde 1903 nach einem Entwurf des Architekten *Richard Berndl* ein neuer Friedhof errichtet. Dieser wurde (mit Pasing) 1938 nach München eingemeindet. Der mit einer Mauer eingefasste Friedhof beherbergt zahlreiche Grabsteine vom Anfang des 20. Jahrhunderts. Ein Blickfang ist besonders der kirchenähnliche Glockenturm auf der Trauerhalle. Der Friedhof hat durch seinen dörflichen Charakter und seinen alten Baumbestand eine besondere Ausstrahlung. Nach ihrer Sanierung 2006 erhielt die Aussegnungshalle den Fassadenpreis der Landeshauptstadt München. Von den hier bestatteten Prominenten wären zu nennen:

- **Anna Croissant-Rust** (1860–1943), Schriftstellerin: Sie schrieb vor allem Erzählungen und Novellen, die das kleinbürgerlich-bäuerliche Milieu beleuchteten. [2-1-54]
- **Alois Ebenböck** (1867–1937), Kerzenwachszieher, Wohltäter und Ehrenbürger der Stadt Pasing [Mauer-N-6/7]
- **Hubert Netzer** (1865–1939), Bildhauer und Hochschullehrer
- **Carl Graf von Scapinelli** (1876–1959), als Mitglied der »Elf Scharfrichter« einer der ersten politischen Kabarettisten Deutschlands [M-W-49]

30 Friedhof Perlach

Putzbrunner Str. 51, 81739 München, Tel. 089/40 28 79 43 80
Ca. 1400 Grabstätten
Gesamtfläche: 0,26 ha
Der kleine Friedhof Perlach – nicht zu verwechseln mit dem Friedhof am Perlacher Forst – wurde im Jahr 1902 durch die damals selbstständige Gemeinde Perlach eingerichtet. 1930 erfolgte die Eingemeindung nach München. Auf dem Friedhof befinden sich einige Gräber prominenter Bürger, u. a.:

- **Willy Harlander** (1931–2000), wirkte in zahlreichen TV-Produktionen und Filmen mit (z. B. als Kriminalassistent Brettschneider im »Tatort« an der Seite von Gustl Bayrhammer und Helmut Fischer) [16-1-49]
- **Paul Würges** (1932–2017), Gitarrist und Sänger [14-1-10]
- **Jürgen Scheller** (1922–1996), Kabarettist und Schauspieler

31 Friedhof Sendling

Albert-Roßhaupter-Str. 5, 81369 München, Tel. 089/23 19 93 43
Ca. 4200 Grabstätten
Gesamtfläche: 2,07 ha
Wenn man ihn nicht kennt, findet man ihn nicht: Der etwa zwei Hektar große Friedhof Sendling liegt verborgen hinter hohen Mauern wenige Hundert Meter vom Harras entfernt und parallel zur Bahnstrecke. 1871/1872 wurde er von der Gemeinde Sendling angelegt und mit der Eingemeindung Sendlings 1877 in die Zuständigkeit der Stadt München gebracht. Wären da nicht die vorbeidonnernden Eisenbahnen, wäre es eine Oase der Stille, so abgeschirmt ist der Friedhof von seiner Umgebung. Hier befinden sich vor allem Gräber von Sendlinger Familien. Aber auch interessante Persönlichkeiten wurden hier beigesetzt, z. B..

- **Arthur Achleitner** (1858–1927), Reise- und Bergschriftsteller: Er berichtete in spannend geschriebenen Kulturbeilagen verschiedener großer Zeitungen von seinen Reisen und wurde bekannt für seine Heimatromane und Jagdnovellen. [1-3-13]
- **Hans Hutzelmann** (1906–1945), NS-Widerstandskämpfer, der 1945 hingerichtet wurde (sein Grab ist mittlerweile aufgelassen)

Obwohl es für einen »Sendlinger« Friedhof naheliegend wäre, wurden die sterblichen Überreste einiger der Aufständischen, die 1705 in der sogenannten Sendlinger Mordweihnacht von den kaiserlichen Truppen gnadenlos niedergemetzelt wurden, nicht hier, sondern auf dem Friedhof an der Alten Pfarrkirche St. Margaret beigesetzt. Die meisten der zahlreichen Opfer ruhen jedoch in Massengräbern auf dem Alten Südfriedhof.

32 Friedhof Solln

Friedhofweg 1, 81479 München, Tel. 089/23 19 93 43
Ca. 420 Grabstätten
Gesamtfläche: 0,37 ha
Der Friedhof Solln (nicht zu verwechseln mit dem 1936 eröffneten Waldfriedhof Solln) wurde 1879–1883 angelegt, nachdem der frühere Dorffriedhof um die alte Sollner Kirche zu klein geworden war. Im Jahr 1938 wurde die damals selbstständige Gemeinde Solln (und mit ihr der Friedhof) nach München eingemeindet. Das neuromanische Friedhofsgebäude wurde 1879/80 von *Johann Grimm* geplant. Der kleine, rechteckige Friedhof ist von einer Mauer umschlossen. Hier findet man noch Grabdenkmäler aus dem späten 19. und frühen 20. Jahrhundert.

- Gleich am Eingang befindet sich eine am Friedhofsgebäude angebrachte Gedenkplatte für den Bildhauer **August Drumm** (1862–1904) mit einem 1902 von Drumm selbst gefertigten Bronzerelief, das einen Christuskopf darstellt.
- **Pius Ferdinand Messerschmitt** (1858–1915) gilt als einer der bedeutendsten fränkischen Maler des 19. Jahrhunderts. [Mauer-75/76]
- **Wilhelm Pütz** (1875–1957) war ein erfolgreicher deutscher Mosaik- und Glasmalereikünstler. [M-168]
- **Ernst Otto Fischer** (1918–2007) erhielt 1973 für seine Arbeiten über organometallische Verbindungen den Nobelpreis für Chemie. [3-1-120]
- Die bereits als Kind tänzerisch begabte **Senta Maria Schmid** (1908–1992) trat als Balletttänzerin auf zahlreichen europäischen Bühnen auf. Sie war auch eine erfolgreiche Choreografin. [M-43]
- Sehenswert ist auch die Grabstätte des Mathematikers und Mitbegründers des Deutschen Museums **Walther von Dyck** (1856–1934). [3-2-163/164]

Register

M

N

O

P

R

S

T

Sonnenblumen begleiten diesen kunstvollen Steinkreis mit Worten Trauernder im Westfriedhof.

Impressum

Verantwortlich: Lea Niesler
Redaktion: Anette Späth
Layout: Eva-Maria Klaffenböck
Repro: LUDWIG:media
Kartografie: Bruckmann Verlag GmbH, Heidi Schmalfuß
Herstellung: Bettina Schippel
Printed in Poland by CGS Printing

Sind Sie mit diesem Titel zufrieden? Dann würden wir uns über Ihre Weiterempfehlung freuen. Erzählen Sie es im Freundeskreis, berichten Sie Ihrem Buchhändler, oder bewerten Sie bei Onlinekauf. Und wenn Sie Kritik, Korrekturen, Aktualisierungen haben, freuen wir uns über Ihre Nachricht an Süddeutsche Zeitung Edition, c/o Bruckmann Verlag GmbH, Postfach 40 02 09, D-80702 München oder per E-Mail an lektorat@verlagshaus.de

Unser komplettes Programm finden Sie unter verlagshaus24.de

In diesem Buch wird aus Gründen der besseren Lesbarkeit das generische Maskulinum verwendet. Weibliche und anderweitige Geschlechteridentitäten werden dabei ausdrücklich mitgemeint, soweit es für die Aussage erforderlich ist.

Bildnachweis
Alle Bilder im Innenteil stammen vom Autor, mit Ausnahme von: S. 83: SZ Photo/Süddeutsche Zeitung Photo; S. 172: Rue des Archives/RDA/Süddeutsche Zeitung Photo; Autorenfoto: Roberto Quaglia.
Umschlagvorderseite: Idylle auf dem Alten Südlichen Friedhof
Umschlagrückseite: Ein Engel wacht über ein Grab auf dem Neuen Südfriedhof.

Die Deutsche Nationalbibliothek verzeichnet diese Publikation in der Deutschen Nationalbibliografie; detaillierte bibliografische Daten sind im Internet über http://dnb.d-nb.de abrufbar.

Infanteriestraße 11a
80797 München

ISBN: 978-3-7343-2764-3